Klasse
5–7

Das LRS-Detektiv-Team

Britta Gramenz

2-fach differenzierte Lernkrimis
zur Rechtschreibförderung
im Deutschunterricht

Verlag an der Ruhr

Impressum

Titel
Das LRS-Detektiv-Team
2-fach differenzierte Lernkrimis zur Rechtschreibförderung
im Deutschunterricht – Klasse 5–7

Autorin
Britta Gramenz

Umschlagmotive und Illustrationen im Innenteil
Lupe © Tanya luneva; Detektiv und Icon Mütze © Sira Anamwong;
Hintergrund © Madredus – alle Shutterstock.com

Druck
Athesia Druck GmbH, Bozen, IT

Verlag an der Ruhr
Mülheim an der Ruhr
www.verlagruhr.de

Geeignet für die Klassen 5–7

ISBN 978-3-8346-6491-4

Ihr persönlicher Zugang:
Alle im Download enthaltenen Dateien können Sie unter folgendem Link oder über das Einscannen des QR-Codes herunterladen:

https://cloud.verlagruhr.de/login-lerninhalt/f0a9QJ0HxIlv

Passwort: LRS-Kr!m!
Sollten der Link und der QR-Code ihre Gültigkeit verlieren, wenden Sie sich bitte an digitaleslernen@verlagruhr.de

Inhaltsverzeichnis

Vorwort und didaktische Hinweise

Die vorliegende Sammlung von Lernkrimis zur Förderung bei LRS bietet Ihnen eine Auswahl an Kopiervorlagen mit spannenden Geschichten und Aufgaben zu vielen Themen der Rechtschreibförderung.
Die Texte sind für Schüler*innen[1] mit LRS konzipiert, eignen sich aber auch für alle Schüler*innen der Klassen 5 bis 7, die die Regeln der Rechtschreibung üben und wiederholen müssen.

Die Inhalte dienen als sinnvolle Ergänzung zur regelgeleiteten LRS-Förderung und sind insbesondere zur vertiefenden Beschäftigung mit bestimmten Regeln geeignet. Die Schüler*innen sollten also mit den entsprechenden Regeln bereits vertraut sein. Neben der Vertiefung und Automatisierung wichtiger Rechtschreibregeln zu den Themen Groβschreibung, Auslaut- und Umlautableitung, Konsonantenverdopplung, Dehnung und Doppelvokale bieten die Lernkrimis auch die Möglichkeit, das genaue und sinnentnehmende Lesen zu trainieren.

Zu jeder Geschichte gehören ein oder mehrere Rätsel, die die Schüler*innen gemeinsam mit den Protagonisten oder Protagonistinnen lösen müssen. Damit Sie den Einsatz der Lernkrimis auf die individuellen Bedürfnisse Ihrer Schüler*innen abstimmen können, werden die Geschichten und Aufgaben jeweils in zwei Schwierigkeitsstufen angeboten. Sie variieren dabei bezüglich der Anzahl und des Schwierigkeitsgrads der Rätsel, sind inhaltlich jedoch beinahe identisch. Zudem kann über den Umfang der Geschichten differenziert werden.

Schwierigkeitsstufe 1

Schwierigkeitsstufe 2

Da viele Aufgaben Möglichkeiten der Selbstkontrolle bieten und das Heft zudem Lösungsblätter enthält, können Ihre Schüler*innen weitgehend selbstständig arbeiten und die Rätsel in Einzel- oder Partnerarbeit lösen. Zur weiteren Differenzierung finden Sie Hilfekarten zum Ausdrucken im Download (siehe QR-Code auf S. 2). Alternativ gelangen Ihre Schüler*innen direkt über den QR-Code auf dem Arbeitsblatt zur entsprechenden Hilfekarte.

Ich wünsche Ihnen viel Spaβ und Erfolg beim Einsatz der Geschichten!

Britta Gramenz

[1]Der Verlag an der Ruhr legt groβen Wert auf eine geschlechtergerechte und inklusive Sprache. Daher nutzen wir neutrale Formulierungen oder das Gendersternchen, um alle Menschen unabhängig von Geschlecht oder Geschlechtsidentität einzuschlieβen. In Texten für Schüler*innen finden sich aus didaktischen Gründen neutrale Begriffe bzw. Doppelformen.

Abenteuer im Museum (1/5)

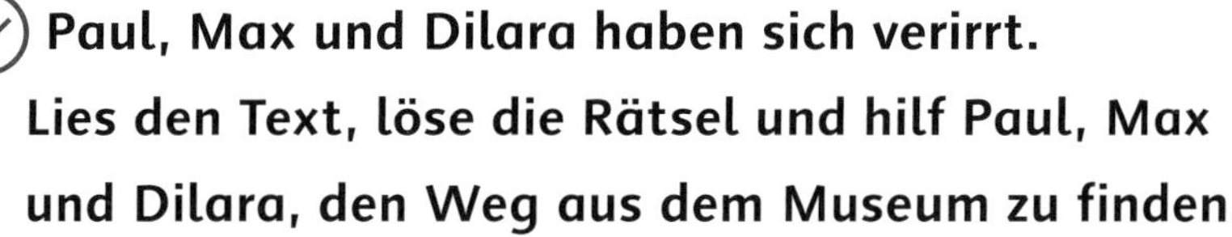

 *

Pauls Mutter schlitterte mit quietschenden Reifen in eine Parklücke vor einem großen, alten Backsteinbau mit hohen Fenstern. Über der riesigen Eingangstür stand dick und fett die Inschrift „Museum für Römische Archäologie".
„Was zum Teufel soll das denn sein?", fragte Max.
Pauls Mutter lachte.
„Die Römische Archäologie erforscht das Alte Rom, also: Keine Angst, wir sind hier genau richtig."
Sie schritt munter voran.

~

Im Inneren des Museums war es kühl und ziemlich düster. Aber dafür war es trocken, wie Paul, Max, Dilara und auch Pauls Mutter erleichtert bemerkten. Drei Wochen Dauerregen in den Sommerferien waren wirklich kein Spaß.

~

Rechts neben dem Eingang saß in einem kleinen Kassenhäuschen ein alter Mann mit ungeheuer dicken Brillengläsern, durch die seine Augen winzig klein aussahen. Pauls Mutter bezahlte und der Mann reichte ihr die Eintrittskarten.
„Viel Vergnügen", grummelte er. „Unser Museum hält so manche Überraschung bereit … Sie werden sehen." Dabei starrte er Paul, Max und Dilara durch die schwere Brille an. Paul wich unwillkürlich einen Schritt zurück und auch Max und Dilara waren leicht zusammengezuckt.

~

„Na dann, lasst uns die Geheimnisse des Alten Roms entdecken!", rief Pauls Mutter und marschierte los.
Paul, Max und Dilara folgten einem Weg, der um viele Ecken durch das Gebäude führte. Rechts und links gingen

* https://cloud.verlagruhr.de/lerninhalt/ixU02mx6xJ1p/

Großschreibung

Abenteuer im Museum (2/5)

jeweils weitere Gänge ab und hinter riesigen Türen verbargen sich große Zimmer und Säle.

~

Alles lag im Halbdunkel, nur in einzelnen Nischen wurden die Fundstücke aus vergangenen Zeiten beleuchtet.

Es gab dort Statuen von angeberisch aussehenden Männern, Skulpturen von eleganten Frauen, denen mal ein Arm, mal ein Bein fehlte, Münzen, Fibeln ... „Fibeln?", fragte Max. „Was soll das denn sein?"

„Hier steht, das sind Spangen, mit denen die Römer ihre Kleider zusammengehalten haben", erklärte Dilara.

„Aha ...", meinte Max, als sie aus der Ferne Pauls Mutter rufen hörten: „Nein, ist das fantastisch. So etwas habe ich ja noch nie gesehen!"

„Mama?", rief Paul. „Wo bist du eigentlich?"

Sie sahen sich um. Von Pauls Mutter war keine Spur zu sehen und sie hörten auch ihre Stimme nicht mehr.

~

„Wo sind wir überhaupt?", fragte Dilara. „Und wie kommen wir zurück?"

„Keine Ahnung", antwortete Max.

„Ich denke, wir sind aus dieser Richtung gekommen!", meinte Paul. „Wenn wir einfach zum Eingang zurückgehen, werden wir auch meine Mutter wiederfinden."

Max und Dilara wirkten nicht sehr überzeugt, aber sie hatten auch keine bessere Idee. Sie folgten Paul, der entschlossen um eine Ecke bog.

~

„Hier sind wir noch nicht gewesen", sagte Paul kleinlaut.

„Wir scheinen aber auch wirklich die einzigen Besucher zu sein – sonst könnten wir jemanden fragen, wie wir wieder zurückfinden."

„Seht mal hier!", rief Dilara. Sie deutete auf eine Wand.

Dort stand etwas geschrieben:

Abenteuer im Museum (3/5)

Nur wer richtig trennt und Großes erkennt, findet den Weg!

derrichtigewegführtnichtdurchdenrechten gangundnichtdurchdenlinkengang.

Paul kratzte sich am Kopf. „Was soll das denn bedeuten?“, fragte er.

Sie sahen sich um. Nirgendwo gab es einen weiteren Hinweis. Sie standen auf einem Flur, der weiter geradeaus führte und von dem rechts und links zwei Gänge abgingen.

1. Kannst du das Rätsel lösen? Notiere den Satz in richtiger Großschreibung und mit Leerzeichen.
TIPP: Trenne zunächst oben die Wortgrenzen und unterstreiche die Nomen.

....

....

....

....

Sie drehten sich im Kreis und rätselten. „Aus welcher Richtung sind wir überhaupt gekommen?“, fragte Dilara.

„Keine Ahnung“, musste Max zugeben.

„Ich auch nicht – aber ich weiß, wie es weitergeht!“, rief Paul plötzlich und rannte voran.

Dilara und Max sahen sich an. Sie wussten nicht, wovon Paul überhaupt sprach, aber sie wollten in diesem unheimlichen Gebäude auch nicht allein bleiben. Sie rannten hinter Paul her, so schnell sie konnten.

Großschreibung

Abenteuer im Museum (4/5)

2. Kannst du ihnen folgen? Welchen Weg hast du gewählt? Notiere hier deine Lösung:

....

....

Hinter der nächsten Ecke gab es drei Möglichkeiten, weiterzugehen, und eine weitere Inschrift.

Es sind die Kleinigkeiten, die hier zählen:

WENN DU DEN RICHTIGEN WEG VERLOREN HAST, FINDEST DU IHN DORT, WO DIE ANFANGSBUCHSTABEN ALLER KLEINGESCHRIEBENEN WÖRTER AUS DIESEM SATZ VERSAMMELT SIND.

3. Markiere die Anfangsbuchstaben aller Wörter, die kleingeschrieben werden müssen, und notiere diese Anfangsbuchstaben hier:

....

Über den Gängen fanden sich folgende Inschriften:

DDRVHFDIDWDAKADVS	DRHIDWKWDSS	WDDRVHFIAKWADSV

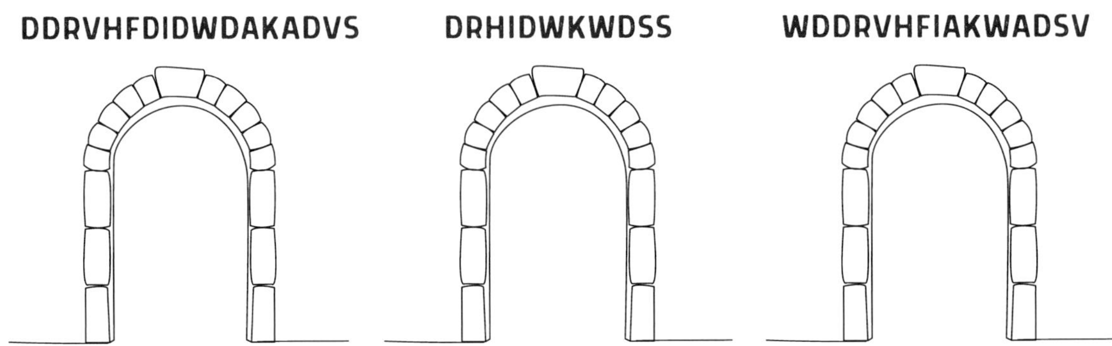

Abenteuer im Museum (5/5)

„Los, hier geht es weiter!" Dilara stürmte los.

4. Kannst du ihr folgen? Notiere hier, welchen Weg du gewählt hast:

....

....

Atemlos folgten Max und Paul ihr. Sie hatten das Gefühl, um Tausende Ecken zu laufen.

Plötzlich prallten sie gegen Dilara, die abrupt stehen geblieben war. Sie waren wieder im Eingangsbereich des Museums angekommen.

Pauls Mutter stand neben dem Kassenhäuschen und grinste.

„Na, habt ihr nun genug Abwechslung erlebt?", fragte sie.

~

Der alte Mann kam langsam auf Paul, Max und Dilara zu. „Sehr gut habt ihr das gemacht", meinte er. „So schnell konnte noch niemand unsere kleinen Rätsel lösen. Dafür bekommt ihr drei Freikarten fürs Kino – das ist unser Preis für clevere Köpfe."

Dilara und Max bemühten sich, nicht zu überrascht auszusehen. Paul grinste seine Mutter an und sagte: „Aber das war doch überhaupt kein Problem … wir wussten sofort, welchen Weg wir nehmen mussten."

Großschreibung

Abenteuer im Museum (1/5)

 *

Paul, Max und Dilara haben sich im Museum verirrt. Lies den Text, löse die Rätsel und hilf ihnen, den richtigen Weg zu finden!

In die Geschichte haben sich zwölf Fehler eingeschlichen. Markiere alle Wörter, die eigentlich großgeschrieben werden müssen.

Pauls Mutter schlitterte mit quietschenden reifen in eine Parklücke vor einem großen, alten Backsteinbau mit hohen Fenstern. Über der riesigen Eingangstür stand dick und fett die Inschrift „Museum für Römische Archäologie".

„Was zum Teufel soll das denn sein?", fragte Max.

Pauls Mutter lachte.

„Die Römische Archäologie erforscht das Alte Rom, also: Keine Angst, wir sind hier genau richtig."

Sie schritt munter voran.

~

Im Inneren des Museums war es kühl und ziemlich düster. Aber dafür war es trocken, wie Paul, Max und Dilara und auch Pauls Mutter erleichtert bemerkten. Drei wochen Dauerregen in den Sommerferien waren wirklich kein Spaß.

~

Rechts neben dem Eingang saß in einem kleinen Glaskasten ein alter Mann mit ungeheuer dicken Brillengläsern, durch die seine augen winzig klein aussahen.

Pauls Mutter bezahlte und der Mann reichte ihr die Eintrittskarten.

„Viel Vergnügen", grummelte er. „Unser Museum hält so manche Überraschung bereit … Sie werden sehen."

Dabei starrte er Paul, Max und Dilara durch die schwere Brille an. Paul wich unwillkürlich einen schritt zurück und auch Max und Dilara waren leicht zusammengezuckt.

~

* https://cloud.verlagruhr.de/lerninhalt/ixU02mx6xJ1p/

Großschreibung

Abenteuer im Museum (2/5)

„Na dann, lasst uns die Geheimnisse des Alten Roms entdecken!“, rief Pauls Mutter und marschierte los.

Paul, Max und Dilara folgten einem Weg, der um viele ecken durch das Gebäude führte. Rechts und links gingen jeweils weitere Gänge ab und hinter riesigen Türen verbargen sich große Zimmer und Säle.

~

Alles lag im Halbdunkel, nur in einzelnen Nischen wurden die Fundstücke aus vergangenen Zeiten beleuchtet.

Es gab dort Statuen von angeberisch aussehenden Männern, Skulpturen von eleganten frauen, denen mal ein Arm, mal ein Bein fehlte, Münzen, Fibeln … „Fibeln?“, fragte Max. „Was soll das denn sein?“

„Hier steht, das sind Spangen, mit denen die Römer ihre Kleider zusammengehalten haben“, erklärte Dilara.

„Aha …“, meinte Max, als sie aus der Ferne Pauls Mutter rufen hörten: „Nein, ist das fantastisch. So etwas habe ich ja noch nie gesehen!“

„Mama?“, rief Paul. „Wo bist du eigentlich?“

Sie sahen sich um. Von Pauls Mutter war keine spur zu sehen und sie hörten auch ihre Stimme nicht mehr.

~

„Wo sind wir überhaupt?“, fragte Dilara. „Und wie kommen wir zurück?“

„Keine Ahnung“, antwortete Max.

„Ich denke, wir sind aus dieser Richtung gekommen!“, meinte Paul. „Wenn wir einfach zum Eingang zurückgehen, werden wir auch meine Mutter wiederfinden.“

Max und Dilara wirkten nicht sehr überzeugt, aber sie hatten auch keine bessere idee. Sie folgten Paul, der entschlossen um eine Ecke bog.

„Hier sind wir noch nicht gewesen“, sagte Paul kleinlaut. „Wir scheinen aber auch wirklich die einzigen Besucher zu sein – sonst könnten wir jemanden fragen, wie wir wieder zurückfinden.“

Abenteuer im Museum (3/5)

„Seht mal hier!“, rief Dilara. Sie deutete auf eine Wand. Dort war eine Inschrift zu lesen:

Welche Wortart hat immer einen großen Anfangsbuchstaben?

Paul kratzte sich am Kopf. „Was soll das denn bedeuten?“, fragte er.

Sie sahen sich um. Nirgendwo ein weiterer Hinweis. Sie standen an einer Gabelung, von der aus drei Wege weiterführten. „Verben“ stand über dem linken, „Nomen“ über dem mittleren und „Adjektive“ über dem rechten Gang.

~

Sie drehten sich im Kreis und rätselten. „Aus welcher Richtung sind wir überhaupt gekommen?“, fragte Dilara.

„Keine Ahnung“, musste Max zugeben.

„Ich auch nicht – aber ich weiß, wie es weitergeht!“, rief Paul plötzlich und rannte voran.

1. Weißt du es auch? Welchen Weg hast du gewählt?
Notiere hier deine Lösung:

....

....

Dilara und Max sahen sich an. Sie wussten nicht, wovon Paul überhaupt sprach, aber sie wollten in diesem unheimlichen gebäude auch nicht allein bleiben.

Sie rannten hinter Paul her, so schnell sie konnten.

Hinter der nächsten Ecke gab es drei Möglichkeiten, weiterzugehen, und eine weitere Inschrift.

Großschreibung

Abenteuer im Museum (4/5)

Durch welche Wortart kann ein Nomen beschrieben werden?

Über den Gängen fanden sich folgende Inschriften:

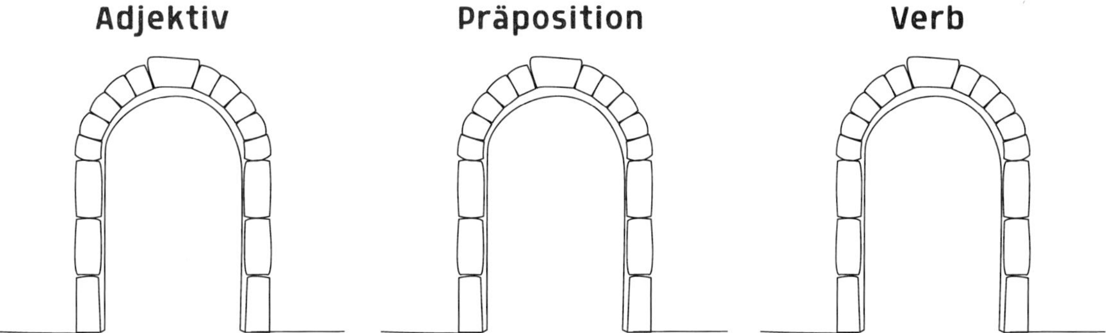

„Los, hier geht es weiter!“ Dilara stürmte los.

2. Kannst du ihr folgen?
Notiere hier, welchen Weg du gewählt hast:

....

....

Atemlos folgten Max und Paul. Sie hatten das Gefühl, um Tausende Ecken zu laufen.
Plötzlich prallten sie gegen Dilara, die abrupt stehen geblieben war.
Pauls Mutter stand neben dem Kassenhäuschen und grinste. Sie waren wieder im Eingangsbereich des Museums angekommen.
„Na, habt ihr nun genug Abwechslung erlebt?“, fragte sie.

~

Abenteuer im Museum (5/5)

Der alte Mann kam langsam auf Paul, Max und Dilara zu. „Sehr gut habt ihr das gemacht", meinte er. „So schnell konnte noch niemand unsere kleinen Rätsel lösen.

Dafür bekommt ihr drei freikarten fürs Kino – das ist unser preis für clevere Köpfe."

Dilara und Max bemühten sich, nicht zu überrascht auszusehen. Paul grinste seine Mutter an und sagte: „Aber das war doch überhaupt kein problem … wir wussten sofort, welchen Weg wir nehmen mussten."

3. Schreibe die Nomen, die du im Text markiert hast, in richtiger Schreibung auf die Linien:

....

....

....

....

....

Zusatzaufgabe:
Schreibe eine eigene Krimi-Geschichte. Verwende dabei alle Wörter aus der letzten Aufgabe.

Abenteuer im Museum – LÖSUNGEN

S. 5–9: Abenteuer im Museum

1. Die korrekte Schreibung ist: **„Der richtige Weg führt nicht durch den rechten Gang und nicht durch den linken Gang."**

2. Paul, Max und Dilara mussten geradeaus weitergehen.

3. Die Lösung besteht aus den Anfangsbuchstaben aller Wörter, die in dem Satz kleingeschrieben werden müssen: **DDRVHFDIDWDAKADVS**.
   Die korrekte Schreibung ist: **„Wenn du den richtigen Weg verloren hast, findest du ihn dort, wo die Anfangsbuchstaben aller kleingeschriebenen Wörter aus diesem Satz versammelt sind."**

4. Sie mussten den linken Gang wählen.

S. 10–14: Abenteuer im Museum

1. **Nomen** (Substantive, Namenwörter) werden immer großgeschrieben. Paul, Max und Dilara mussten also den mittleren Gang wählen.

2. **Adjektive** können Nomen beschreiben (Beispiel: das *blaue* Haus).
   Der linke Gang ist der richtige.

3. Die folgenden Wörter wurden im Text falsch geschrieben:
   Reifen (Z. 1), Wochen (Z. 13), Augen (Z. 18),
   Schritt (Z. 24), Ecken (Z. 29), Frauen (Z. 36),
   Spur (Z. 45), Idee (Z. 55), Gebäude (Z. 76),
   Freikarten (Z. 94), Preis (Z. 95), Problem (Z. 98)

Großschreibung

Diebstahl in der Jugendherberge (1/4)

In der Jugendherberge wurden Sachen aus den Zimmern geklaut. Lies den Text, löse die Rätsel und hilf der Klasse 5c, herauszufinden, wer ihre Gegenstände gestohlen hat.

*

Die Klasse 5c war endlich in der Jugendherberge im Bayerischen Wald angekommen. Drei Stunden Fahrt lagen hinter ihnen, doch ehe die Klasse sich ausruhen konnte, stand noch die Zimmeraufteilung bevor.

~

Frau Piepenbruck, die Klassenlehrerin, verkündete: „So, meine Lieben! Wir haben zwei Vierbettzimmer, drei Dreibettzimmer und zwei Zweibettzimmer. Teilt euch bitte selbstständig auf!" Sie sah die Schüler und Schülerinnen durch ihre Brille streng an.

~

Relativ schnell waren die Jugendlichen in ihren Zimmern verschwunden, packten ihre Sachen aus und fielen erschöpft ins Bett. Nur noch gelegentlich hörte man leise Gespräche und ein unterdrücktes Lachen. Zwei Stunden später, gegen ein Uhr morgens, war alles still.

~

Am nächsten Tag unternahm die Klasse einen Ausflug ins nahe gelegene Wildgehege. „Nehmt eure Wertsachen mit! Ihr wisst, man kann die Zimmertüren nicht abschließen!", hatte Frau Piepenbruck die Schülerinnen und Schüler noch gewarnt, bevor sie aufgebrochen waren.

~

Abends kehrten sie wieder zurück. Der Tag war wirklich super gewesen, doch nun waren sie hungrig und freuten sich auf das Abendessen. Schnell verschwanden alle in ihren Zimmern, um ihre Rucksäcke wegzubringen und ihre Hände zu waschen.

~

* https://cloud.verlagruhr.de/lerninhalt/ixU02mx6xJ1p/

Großschreibung

Diebstahl in der Jugendherberge (2/4)

Plötzlich hörte man einen Schrei. „Oh nein!", rief Fatma. „Mein Handy ist weg!" Frau Piepenbruck stürmte ins Zimmer. „Ich hatte doch gesagt, ihr sollt alles Wichtige mitnehmen!", schimpfte sie. Fatma schluchzte. „Ich weiß, ich hab's einfach vergessen … Es war doch noch neu!" „Das tut mir leid", sagte ihre Lehrerin etwas sanfter. „Aber ich fürchte, wenn wir den Täter oder die Täterin nicht finden, wirst du ein neues Handy kaufen müssen." Die Klasse war entsetzt. Das war echt hart.

Sie hörten einen Gong, der den Beginn des Abendessens ankündigte. Missmutig versammelten sich alle an den Tischen.

~

Das Essen war lecker, aber niemand hatte so richtig Appetit und Fatma hörte gar nicht auf, zu schluchzen. Traurig schlich die Klasse wieder hoch zu ihren Zimmern. Bald ertönte erneut ein Schrei. „Das gibt's doch nicht!", rief Sammy. „Es ist weg! Es lag unter meiner Matratze!" Sammy war so aufgeregt, dass unmöglich zu verstehen war, was gestohlen worden war.

1. Was ist Sammy gestohlen worden?
Finde zu jedem Wort ein wortverwandtes Nomen (Beispiel: lieb – Liebe). Die Buchstaben der Nomen in den grauen Kästen verraten dir die Lösung.

hart – die H .... ▒..... .....

überzählig – die Ü .... ▒..... ....

arbeiten – die A ..... ▒..... ....

wild – die W ..... ▒..... ....

weise – die W .... ▒..... ..... ▒.....

Lösungswort: ....

Großschreibung

Diebstahl in der Jugendherberge (3/4)

Timo und sein bester Freund Pascal sahen sich an. So konnte es nicht weitergehen. Sie mussten etwas unternehmen.

~

Die 5c ging nach draußen. Frau Piepenbruck meinte, die Schülerinnen und Schüler sollten sich beim Fußball- und Federballspielen auf andere Gedanken bringen. Timo und Pascal waren drinnen geblieben und legten sich auf die Lauer. Sie standen hinter einer großen Pflanze versteckt. Von hier aus hatten sie den ganzen Flur im Blick, ohne selbst gesehen zu werden. Sie waren nicht die einzige Klasse auf diesem Gang. Jugendliche aus einer anderen Schule hatten hier ebenfalls einige Zimmer belegt. Gerade als die beiden Freunde dachten, es passiere nichts mehr, wurde leise eine Zimmertür auf der rechten Seite geöffnet. Ein Junge kam heraus und schlich in Timos Zimmer.

~

Schnell liefen Timo und Pascal hinterher und ertappten den Jungen dabei, wie er einen Zettel auf Timos Bett legte.

Wenn ihr eure Sachen zurückhaben wollt, müsst ihr etwas dafür tun. Findet alle Nomen im Buchstabensalat. Zählt die gefundenen Wörter, um die Nummer des Zimmers herauszufinden, in dem ihr eure Sachen wiederfindet.

Pbgpnblumevnwübniolyknflnioüiüjtischbni
woöncklsäkmbuchvnownionvlnioiioschrankvn
wioinioflkkpieojwiohfiewonmxlöporunfowpjcn
snfbettvnuocniwoihfuoinfjbbfbjijbschulevwio
üniovnklöakjioioncarbeitvnuwiowninoten

Diebstahl in der Jugendherberge (4/4)

2. Kannst du die richtige Zimmernummer herausfinden? Suche im Buchstabensalat alle Nomen.

Die Zimmernummer lautet: ....

„Was soll das? Was ist das für ein blödes Spiel?", fuhr Timo den Jungen an. „Erinnert ihr euch nicht an uns?", grinste der Junge frech zurück. „Ihr habt letztes Jahr beim Fußballturnier nur gegen uns gewonnen, weil der Schiri euch zwei Elfmeter gegeben hat."

~

Timo und Pascal sahen sich an. Stimmt, die Entscheidungen des Schiedsrichters waren wirklich nicht richtig gewesen. Fast hatten sie sich geschämt, auf diese Art das Turnier und damit einen tollen Bonus für ihre Klassenkasse gewonnen zu haben. Sie nickten sich zu und begannen, das Rätsel zu lösen.
Schnell hatten sie die Nummer herausgefunden und stürmten in das angegebene Zimmer. Tatsächlich – auf einem Tisch lagen die gestohlenen Gegenstände, unversehrt und vollständig.

~

Beim nächsten Turnier würden sie bestimmt nicht mehr schweigen, falls der Schiedsrichter falsche Fouls pfeifen sollte.

Großschreibung

Diebstahl in der Jugendherberge (1/4)

In der Jugendherberge wurden Sachen aus den Zimmern geklaut. Lies den Text, löse die Rätsel und hilf der Klasse 5c, herauszufinden, wer ihre Gegenstände gestohlen hat.

Markiere im Text die acht kleingeschriebenen Nomen, die eigentlich großgeschrieben werden müssen.

 *

Die Klasse 5c war endlich in der Jugendherberge im Bayerischen Wald angekommen. Drei Stunden Fahrt lagen hinter ihnen. Alle waren fix und fertig, doch ehe die Klasse sich ausruhen konnte, stand noch die Zimmeraufteilung bevor.

~

Frau Piepenbruck, die Klassenlehrerin, verkündete: „So, meine Lieben! Wir haben zwei Vierbettzimmer, drei Dreibettzimmer und zwei Zweibettzimmer. Teilt euch bitte so auf, dass nur mädchen und Jungen ein Zimmer bewohnen!" Sie sah die Kinder durch ihre Brille streng an.

~

Relativ schnell waren die Jugendlichen in ihren Zimmern verschwunden, packten ihre Sachen aus und fielen erschöpft ins Bett. Nur noch gelegentlich hörte man leise Gespräche und ein unterdrücktes Lachen. Zwei Stunden später, gegen ein Uhr morgens, war alles still.

~

Am nächsten Tag unternahm die Klasse einen ausflug ins nahe gelegene Wildgehege. „Nehmt eure Wertsachen mit! Ihr wisst, man kann die türen nicht abschließen!", hatte Frau Piepenbruck die Schülerinnen und Schüler noch gewarnt, bevor sie aufgebrochen waren.

~

Abends kehrten sie wieder zurück. Schnell verschwanden alle in ihren Zimmern, um ihre rucksäcke wegzubringen

* https://cloud.verlagruhr.de/lerninhalt/ixU02mx6xJ1p/

Großschreibung

Diebstahl in der Jugendherberge (2/4)

und ihre Hände zu waschen, denn gleich sollte es abendessen geben. Der tag war wirklich super gewesen.

~

Plötzlich tönte ein Schrei durch alle zimmer.
„Oh nein!“, rief Fatma. „Es ist weg!“
Frau Piepenbruck stürmte ins Zimmer. „Ich hatte doch gesagt, ihr sollt alles Wichtige mitnehmen!“, schimpfte sie.
Fatma schluchzte. „Ich weiß, ich hab's einfach vergessen … Es war doch noch neu!“

1. Was ist Fatma gestohlen worden?
Finde zu jedem Wort ein wortverwandtes Nomen (Beispiel: lieb – die Liebe). Die Buchstaben der Nomen in den grauen Kästen verraten dir die Lösung.

hart – die ....

überzählig – die ....

neu – die ....

wild – die ....

systematisch – das ....

Lösungswort: ....

„Das tut mir leid“, sagte ihre Lehrerin etwas sanfter. „Aber ich fürchte, wenn wir den Täter oder die Täterin nicht finden, wirst du dir ein neues kaufen müssen.“
Die Klasse war entsetzt. Das war echt hart.
Sie hörten einen Gong, der den Beginn des Abendessens ankündigte. Missmutig versammelten sich alle an den Tischen.

~

Das essen war lecker, aber niemand hatte so richtig Appetit und Fatma hörte gar nicht auf, zu schluchzen.

Großschreibung

Diebstahl in der Jugendherberge (3/4)

Traurig schlich die Klasse wieder hoch zu ihren Zimmern. Bald ertönte erneut ein Schrei. „Das gibt's doch nicht!", rief Sammy. „Mein Tablet ist weg! Das lag unter ...!" Sammy war so aufgeregt, dass unmöglich zu verstehen war, wo sein Tablet gelegen hatte.

2. Kannst du es herausfinden?
Trage die Anfangsbuchstaben der Wörter ein, die du im Text unterstrichen hast, um das Lösungswort zu erhalten.

Lösung: ....

Timo und sein bester Freund Pascal sahen sich an. So konnte es nicht weitergehen. Sie mussten etwas unternehmen.

~

Die 5c ging nach draußen. Frau Piepenbruck meinte, die Schülerinnen und Schüler sollten sich beim Fußball- und Federballspielen auf andere Gedanken bringen.
Timo und Pascal waren drinnen geblieben und legten sich auf die Lauer. Sie standen hinter einer großen Pflanze versteckt. Von hier aus hatten sie den ganzen Flur im Blick, ohne selbst gesehen zu werden.
Sie waren nicht die einzige Klasse auf diesem Gang. Jugendliche aus einer anderen Schule hatten hier ebenfalls einige Zimmer belegt. Gerade als die beiden Freunde dachten, es passiere nichts mehr, wurde leise eine Zimmertür auf der rechten Seite geöffnet. Ein Junge kam heraus und schlich in Timos Zimmer.

~

Schnell liefen Timo und Pascal hinterher und ertappten den Jungen dabei, wie er einen Zettel auf Timos Bett legte.

~

Diebstahl in der Jugendherberge (4/4)

Wenn ihr eure Sachen zurückhaben wollt, müsst ihr etwas dafür tun. Findet alle Nomen im Buchstabensalat. Zählt die gefundenen Wörter, um die Nummer des Zimmers herauszufinden, in dem ihr eure Sachen wiederfindet.

pbgpnblumevnwübniolyknflnioüiüjtischbniwoönckl
säkmbuchvnownionvlcniwonodpninklöalopjfiojvion
jugendherbergevniwoüopüqopvunonckballvnioiio
schrankvnwioinioflkkpieojwiohfiewonmxlöporu
nfowpjcnsnfbettvnuocniwoihfuoinfjbbfbjijbschule
vwioüniovnklöakjioioncarbeitvnuwiowninoten

3. Kannst du die richtige Zimmernummer herausfinden? Suche im Buchstabensalat alle Nomen.

Die Zimmernummer lautet: ....

„Was soll das? Was ist das für ein blödes Spiel?“, fuhr Timo den Jungen an. „Erinnert ihr euch nicht an uns?“, grinste der Junge frech zurück. „Ihr habt letztes Jahr beim Fußballturnier nur gegen uns gewonnen, weil der Schiri euch zwei Elfmeter gegeben hat.“

~

Timo und Pascal sahen sich an. Stimmt, die Entscheidungen des Schiedsrichters waren wirklich nicht richtig gewesen. Fast hatten sie sich geschämt, auf diese Art das Turnier und damit einen tollen Bonus für ihre Klassenkasse gewonnen zu haben. Sie nickten sich zu und begannen, das Rätsel zu lösen.
Schnell hatten sie die Nummer herausgefunden und stürmten in das angegebene Zimmer. Tatsächlich – auf einem Tisch lagen die gestohlenen Gegenstände, unversehrt und vollständig.
Beim nächsten Turnier würden sie bestimmt nicht mehr schweigen, falls der Schiedsrichter falsche Fouls pfeifen sollte.

Diebstahl in der Jugendherberge – LÖSUNGEN

S. 16–19 Diebstahl in der Jugendherberge

1. Sammys **Tablet** ist gestohlen worden.
hart – die Härte, überzählig – die Überzahl,
arbeiten – die Arbeit, wild – die Wildnis,
weise – die Weisheit

2. Die Zimmernummer lautet: **8**. Die Nomen verstecken sich hier:

P b g p n b l u m e v n w ü b n i o l y k n f l n i o ü i ü j t i s c h b n i
w o ö n c k l s ä k m b u c h v n o w n i o n v l n i o i i o s c h r a n k v n
w i o i n i o f l k k p i e o j w i o h f i e w o n m x l ö p o r u n f o w p j c n
s n f b e t t v n u o c n i w o i h f u o i n f j b b f b j i j b s c h u l e v w i o
ü n i o v n k l ö a k j i o i o n c a r b e i t v n u w i o w n i n o t e n

S. 20–23: Diebstahl in der Jugendherberge

1. Fatmas **Handy** ist gestohlen worden.
hart – die Härte, überzählig – die Überzahl,
neu – die Neuigkeit, wild – die Wildnis,
systematisch – das System

2. Das Tablet lag unter Sammys **Matratze**.
Mädchen (Z. 10); Ausflug (Z. 19); Türen (Z. 21);
Rucksäcke (Z. 26); Abendessen (Z. 28); Tag (Z. 28);
Zimmer (Z. 30); Essen (Z. 44)

3. Die Zimmernummer lautet: **10**. Die Nomen verstecken sich hier:

pbgpnblumevnwübniolyknflnioüiüjtischbniwoönckl
säkmbuchvnownionvlcniwonodpninklöalopjfiojvion
jugendherbergevniwoüopüqopvunonckballvnioiio
schrankvnwioinloflkkpieojwiohfiewonmxlöporu
nfowpjcnsnfbettvnuocniwoihfuoinfjbbfbjijbschule
vwioüniovnklöakjioioncarbeitvnuwiowninoten

Auslautableitung

Die rätselhafte Botschaft (1/3)

Aylin hat bemerkt, dass sie im Klassenzimmer eingeschlossen wurde. Erinnere dich, was du über die Auslaute b–p, g–k und d–t gelernt hast, und hilf Aylin, zu entkommen.

Lies den Text und markiere die vier falsch geschriebenen Wörter.

 *

Aylin schreckte hoch. Es hatte geklingelt. Kaum zu glauben, sie war im Deutschunterricht eingeschlafen. Verwirrt sah sie nach rechts und links. Alle anderen waren schon weg. Das konnte doch gar nicht sein! Wie konnte sie so tief geschlafen haben? Sie hätte auf jeden Fall gemergt, wenn die anderen aus ihrer Klasse die Stühle hochgestellt und ihre Rucksäcke gepackt hätten.

~

Ganz allein saß sie im Klassenraum der 5a. „Na ja", dachte sie. „Dann gehe ich eben auch nach Hause."
Sie nahm ihre Tasche, stellte den Stuhl auf den Tisch und ging zur Tür. Sie grübelte immer noch, wie sie so tief geschlafen haben konnte. Geistesabwesend drückte sie die Türklinke hinunter und machte einen Schritt nach vorne. Sie stieß sich den Kopf. Die Tür ließ sich nicht öffnen.

~

„Aua!", rief sie laut und rieb sich beleidigt die Stirn. Noch einmal versuchte sie, die Tür zu öffnen. Vergeblich.
Angst stieg in ihr hoch. Hatte man sie vergessen? Waren Frau Nowak und alle anderen Schülerinnen und Schüler nach Hause gegangen und hatten sie aus Versehen im Klassenraum eingeschlossen?

~

Aylin sah sich um. Das Fenster! Sie würde einfach aus dem Fenster steigen. Das wäre doch gelacht, wenn sie so leicht aufgeben würde!

* https://cloud.verlagruhr.de/lerninhalt/Hm88vHEQV0tP/

Auslautableitung

Die rätselhafte Botschaft (2/3)

Sie lief zum Fenster und es ließ sich öffnen. Aylin atmete erleichtert auf und steckte den Kopf aus dem Fenster. „So ein Mist!", schimpfte sie. In dem Moment fiel ihr wieder ein, dass das Klassenzimmer im dritten Stock des Schulgebäudes lag. Hier kam sie auch nicht heraus.

~

Nun stiegen ihr doch Tränen in die Augen. Was würden ihre Eltern sagen? Sie wären bestimmt total verzweifelt. Aylin dachte an ihren kleinen Hund, der jeden Tag sehnsüchtik hinter dem Gartenzaun auf sie wartete, und musste schluchzen.

~

Noch einmal ging sie zur Tür und rüttelte an der Klinke. Nichts. Da bemerkte sie einen Zettel, der oben am Türrahmen klebte.
Sie kletterte auf einen Stuhl und nahm den Zettel herunter. Darauf sah sie die Geschichte „Die rädselhafte Botschaft" und darunter einen Satz aus lückenhaften Wörtern.

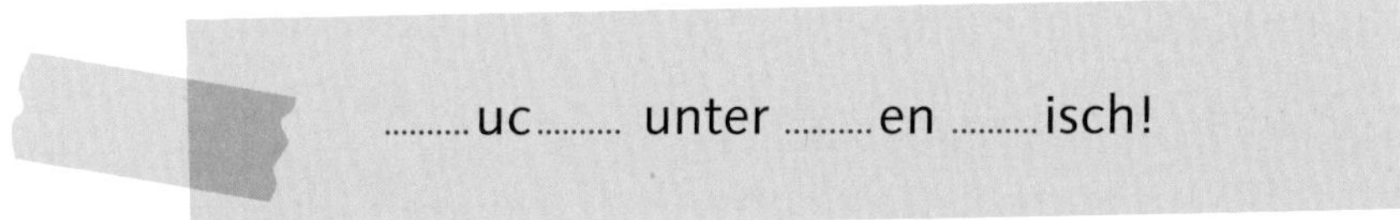

Was sollte denn der Quatsch? Aylin schüttelte den Kopf. Aber irgendetwas machte sie nachdenklich.

~

Sie biss sich auf die Unterlippe und grübelte. Ein Tipp wäre toll. Natürlich! Ihr Thema im Deutschunterricht war die Auslautableitung. Bestimmt musste sie nur alle Fehler im Text finden und die falschen Buchstaben in die Lücken einsetzen.

~

Mit zittrigen Fingern nahm sie ein Stück Papier aus ihrer Tasche und einen Stift in die Hant und begann, die Wörter mit den Rechtschreibfehlern aufzuschreiben. Dann setzte sie die Buchstaben ein. Tatsächlich, es war ganz einfach!

Auslautableitung

Die rätselhafte Botschaft (3/3)

1. Kannst du das Rätsel auch lösen? Finde die vier Fehler im Text und trage die falschen Buchstaben in die Lücken ein.

..........uc.......... unter ....en ....isch!

Aylin ging …
„Aylin?“, hörte sie die Stimme ihrer Mutter. „Aylin! Aufstehen! Du musst zur Schule!“

~

Aylin rieb sich die Augen. „Moment, ich muss erst noch den Schlüssel finden und …“, stammelte sie.

~

„Was redest du denn da?“ Ihre Mutter stand vor dem Bett und schüttelte lachend den Kopf. „Hast du wieder einen deiner berühmten Träume gehabt?“

~

Aylin war nun hellwach. Es war nur ein Traum gewesen! Sie fiel ihrer Mutter um den Hals.
„Ich bin ja so froh, dich zu sehen, Mama!“, rief sie.

2. Verbessere die falsch geschriebenen Wörter, indem du sie mit ihren Wortverwandten in deinem Heft notierst. Wende dabei die Verlängerungsstrategie an.

Beispiel: das Kin**d** – die Kin**d**er

Auslautableitung

Die rätselhafte Botschaft (1/3)

Aylin hat bemerkt, dass sie im Klassenzimmer eingeschlossen wurde. Erinnere dich, was du über die Auslaute b–p, g–k und d–t gelernt hast, und hilf Aylin, zu entkommen.

Lies den Text und markiere die sieben falsch geschriebenen Wörter.

*

Aylin schreckte hoch. Es hatte geklingeld. Kaum zu glauben, sie war im Deutschunterricht eingeschlafen. Verwirrt sah sie nach rechts und links. Alle anderen waren schon weg. Das konnte doch gar nicht sein! Wie konnte sie so tief geschlafen haben? Sie hätte auf jeden Fall gemergt, wenn die anderen aus ihrer Klasse die Stühle hochgestellt und ihre Rucksäcke gepackt hätten.

~

Ganz allein saß sie im Klassenraum der 5a. „Na ja", dachte sie. „Dann gehe ich eben auch nach Hause."

~

Sie nahm ihre Tasche, stellte den Stuhl auf den Tisch und ging zur Tür.
Sie grübelte immer noch, wie sie so tief geschlafen haben konnte. Geistesabwesent drückte sie die Türklinke hinunter und machte einen Schritt nach vorne. Sie stieß sich den Kopf. Die Tür ließ sich nicht öffnen.

~

„Aua!", rief sie laut und rieb sich beleidigt die Stirn.
Noch einmal versuchte sie, die Tür zu öffnen. Vergeblich. Angsd stieg in ihr hoch. Hatte man sie vergessen? Waren Frau Nowak und alle anderen Schülerinnen und Schüler nach Hause gegangen und hatten sie aus Versehen im Klassenraum eingeschlossen?

~

* https://cloud.verlagruhr.de/lerninhalt/Hm88vHEQV0tP/

Auslautableitung

Die rätselhafte Botschaft (2/3)

Aylin sah sich um. Das Fenster! Sie würde einfach aus dem Fenster steigen. Das wäre doch gelacht, wenn sie so leicht aufgeben würde!

Sie lief zum Fenster und es ließ sich öffnen. Aylin atmete erleichtert auf und steckte den Kopf aus dem Fenster.

„So ein Mist!“, schimpfte sie. In dem Moment fiel ihr wieder ein, dass das Klassenzimmer im dritten Stock des Schulgebäudes lag. Hier kam sie auch nicht heraus.

~

Nun stiegen ihr doch Tränen in die Augen. Was würden ihre Eltern sagen? Sie wären bestimmt total verzweifelt. Sie dachte an ihren kleinen Hund, der jeden Tag sehnsüchtik hinter dem Gartenzaun auf sie wartete, und musste schluchzen.

~

Noch einmal ging Aylin zur Tür und rüttelte an der Klinke. Nichts. Dann sah sie, dass die Tür mit einem Zahlenschloss gesichert war. Ohne den richtigen Code würde sie es nicht öffnen können. Plötzlich bemerkte sie einen Zettel, der oben am Türrahmen klebte.

Sie kletterte auf einen Stuhl und nahm den Zettel herunter. Darauf sah sie die Geschichte „Die rädselhafte Botschaft“.

~

Was sollte denn der Quatsch? Aylin schüttelte den Kopf. Aber irgendetwas machte sie nachdenklich.

Sie biss sich auf die Unterlippe und grübelte. Ein Tipp wäre toll. Natürlich! Ihr Thema im Deutschunterricht war die Auslautableitung. Bestimmt musste sie in der Geschichte nur alle Rechtschreibfehler finden, sie verbessern und den richtigen Buchstaben ihre Zahl im Alphabet zuordnen, um den Zahlencode herauszufinden.

~

Mit zittrigen Fingern nahm sie ein Stück Papier aus ihrer Tasche und einen Stift in die Hant und begann, die fehlerhaften Buchstaben aufzuschreiben.

Auslautableitung

Die rätselhafte Botschaft (3/3)

Dann notierte sie den Code. Tatsächlich, es war ganz einfach!

1. Finde die sieben Fehler im Text und korrigiere sie in deinem Heft, indem du Wortverwandte findest und die Verlängerungsstrategie anwendest. Ordne den richtigen Buchstaben die entsprechende Zahl im Alphabet zu. Die Zahlen ergeben den Code für das Schloss.

Beispiel: „Aylin riep sich die Augen." ➲ „riep" muss „rieb" geschrieben werden, denn es kommt von „reiben". **Das „B" ist der zweite Buchstabe im Alphabet. Die Zahl für den Code wäre also eine 2.**

Der Code lautet: ....

Aylin ging ...
„Aylin?", hörte sie die Stimme ihrer Mutter. „Aylin! Aufstehen! Du musst zur Schule!"

~

Aylin rieb sich die Augen. „Moment, ich muss erst noch den Code eingeben und ...", stammelte sie. „Was redest du denn da?" Ihre Mutter stand vor dem Bett und schüttelte lachend den Kopf.
Aylin war nun hellwach. Es war nur ein Traum gewesen! Sie fiel ihrer Mutter um den Hals.
„Ich bin ja so froh, dich zu sehen, Mama!", rief sie.

2. Zusatzaufgabe:
Schreibe eine eigene Krimi-Geschichte. Verwende dabei alle Wörter aus der letzten Aufgabe.

Auslautableitung

Die rätselhafte Botschaft – LÖSUNGEN

S. 25–27: Die rätselhafte Botschaft

1. Der Hinweis lautet: **Guck unter den Tisch!**
   gemergt (Z. 5), sehnsüchtik (Z. 36), rädselhaft (Z. 43),
   Hant (Z. 55)

2. gemergt ➲ merken ➲ gemerkt
   sehnsüchtik ➲ sehnsüchtige ➲ sehnsüchtig
   rädselhaft ➲ raten ➲ rätselhaft
   Hant ➲ Hände ➲ Hand

S. 28–30: Die rätselhafte Botschaft

1. Der Code lautet: **20 – 11 – 4 – 20 – 7 – 20 – 4**
   geklingeld ➲ sie klingelten ➲ geklingelt = 20 (Z. 1),
   gemergt ➲ merken ➲ gemerkt = 11 (Z. 5),
   geistesabwesent ➲ geistesabwesende ➲ geistesabwesend = 4 (Z. 15),
   Angsd ➲ Ängste ➲ Angst = 20 (Z. 21),
   sehnsüchtik ➲ sehnsüchtige ➲ sehnsüchtig = 7 (Z. 37),
   rädselhaft ➲ raten ➲ rätselhaft = 20 (Z. 46),
   Hant ➲ Hände ➲ Hand = 4 (Z. 58)

Auslautableitung

Die gestohlenen Goldstücke (1/3)

Kommissarin Yilmaz muss einen Diebstahl aufklären. Bearbeite die Rätsel und hilf ihr dabei, den Fall zu lösen.

Lies den Text und markiere darin Formen oder Wortverwandte der folgenden Wörter:
knifflig – Diebe – wanken – richtiger – goldig – Welten

 *

Frau Yilmaz ist Kommissarin bei der Kriminalpolizei. Sie wird meistens gerufen, um knifflige Diebstähle aufzuklären. Auch in dieser Nacht hatte ihr Diensthandy wieder geklingelt. Ein Einbruch war gemeldet worden. Schläfrig zog sie ihre Uniform an und wankte aus ihrem Schlafzimmer. Kurz darauf fuhr die Kommissarin durch die dunklen Straßen. Meisenweg 11 a, dort drüben musste es sein.

~

Die Kommissarin hielt vor einer großen Villa. Ein hoher Zaun umgab das riesige Grundstück. Das Tor zur Einfahrt des Hauses war nur angelehnt und sämtliche Fenster der Villa waren hell erleuchtet.
Sie ging durch das Tor und eilte hoch zum Haus. Auch die Haustür stand offen und sie sah zwei ihrer Kollegen im Flur des Hauses stehen. Sie lauschten einer Männerstimme, die aufgeregt etwas erzählte.

~

Frau Yilmaz klopfte an die Tür und räusperte sich.
„Guten Abend“, sagte sie und stieß die Tür weiter auf.
„Hier wurde eingebrochen, stimmt das?“
Die Kollegen wandten sich ihr zu. Erleichterung war auf ihren Gesichtern zu erkennen. „Richtig“, sagte der größere der beiden. „Hier …“

~

„Es ist ein Skandal!“, rief ein aufgebrachter Mann im Bademantel. „Ein waschechter Skandal!“ Er fuchtelte wild mit den Händen in der Luft herum und war ganz rot im Gesicht.

* https://cloud.verlagruhr.de/lerninhalt/Hm88vHEQV0tP/

Auslautableitung

Die gestohlenen Goldstücke (2/3)

„Man hat mich bestohlen! Mich! Das muss man sich mal vorstellen!". Er wurde immer lauter und aufgeregter. „Und Ihre Kollegen hier haben nichts Besseres zu tun, als mir Fragen zu stellen! Die Kriminellen sind doch inzwischen über alle Berge! Es ist …"

~

„Nun beruhigen Sie sich erst einmal", meinte die erfahrene Kommissarin. „Mein Name ist Yilmaz und ich bin Expertin für Einbruchdiebstähle."

Der Mann verstummte und betrachtete die Kommissarin argwöhnisch.

„Die Kollegen haben sich ganz richtig verhalten. Wir müssen so viel wie möglich erfahren, um die Täter oder Täterinnen schnell fassen zu können. Was ist denn gestohlen worden?"

~

Der Mann lief wieder rot an und rang nach Luft. „Es ist ein Skandal!", rief er erneut. „Ein Skandal! Es hat schon meiner Urgroßmutter gehört und jetzt ist es in den Händen von Kriminellen!"

Kommissarin Yilmaz bemühte sich, ruhig zu bleiben. „Was denn, Herr …" Sie wusste noch gar nicht, wie der eigenartige Mann hieß. „Herr Wagner", berichtete ihr Kollege. Die Kommissarin nickte dankbar. „Herr Wagner, was ist denn gestohlen worden?"

„Mein Gold, das ist doch klar", rief der kleine Mann empört. „Kommen Sie, ich zeige es Ihnen."

~

Er stampfte eine Treppe hinunter in einen kleinen Raum, in dem ein großer Tresor stand – oder vielmehr das, was davon übrig geblieben war. Denn die Tür war offensichtlich aufgesprengt worden. „Das muss aber ganz schön laut gewesen sein", meinte Kommissarin Yilmaz.

„Und wie! Ich dachte, die Welt geht unter!", nickte Herr Wagner. Er zeigte auf 13 Truhen, die leer im Raum

Auslautableitung

Die gestohlenen Goldstücke (3/3)

herumstanden. „Die waren alle im Tresor. Es sind Originaltruhen, zweihundert Jahre alt. Jede Truhe enthielt 10 Kisten und jede Kiste 10 Säcke. In jedem Sack befanden sich 9 Beutel mit 9 Goldstücken. Es ist ein unbeschreiblicher Verlust."

Kommissarin Yilmaz war etwas verwirrt. „Wie viele Goldstücke sind Ihnen denn jetzt gestohlen worden?"

Herr Wagner wurde wieder ganz rot. „110 000 Goldstücke. Können Sie sich das vorstellen? Es ist ein Skandal!"

~

„Soso", murmelte Kommissarin Yilmaz. „Bevor wir die Täter oder Täterinnen jagen, müssen Sie uns aber erst einmal die Wahrheit sagen", sagte sie ernst. „Sie haben uns nämlich angelogen."

1. Stimmt das? Hat Herr Wagner gelogen? Und wenn ja, wie? Tipp: Die Lösung dieses Rätsels hat nichts mit Rechtschreibung zu tun.

2. Wie geht die Geschichte aus? Ergänze die Wortverwandten aus dem Text.

Frau Yilmaz

kniffig ➲ ....

Diebe ➲ ....

wanken ➲ ....

richtiger ➲ ....

goldig ➲ ....

Welten ➲ ....

die Schuldigen.

Auslautableitung

Die gestohlenen Goldstücke (1/4)

Kommissarin Yilmaz muss einen Diebstahl aufklären. Bearbeite die Rätsel und hilf ihr dabei, den Fall zu lösen.

Lies den Text und markiere darin Formen oder Wortverwandte der folgenden Wörter:
knifflig – Diebe – wanken – Gesicht – wilder – Berg – richtiger – goldig – Welten

 *

Frau Yilmaz ist Kommissarin bei der Kriminalpolizei. Sie wird meistens gerufen, um knifflige Diebstähle aufzuklären. Auch in dieser Nacht hatte ihr Diensthandy wieder geklingelt. Ein Einbruch war gemeldet worden. Schläfrig zog sie ihre Uniform an und wankte aus ihrem Schlafzimmer.

~

Kurz darauf fuhr die Kommissarin durch die dunklen Straßen. Leider konnte sie sich nicht mehr an den Straßennamen erinnern. Die Hausnummer war die 11 a, aber wie hieß die Straße? Kam nicht eine Vogelart im Namen vor? Doch das galt für alle Straßen in dieser Gegend. Auf einer Kreuzung, von der vier Straßen abgingen, hielt sie an. Eine davon musste die richtige sein, aber welche?

~

Links ging es in den Amselweg, geradeaus in die Drosselgasse, hinter ihr lag die Adlerstraße und rechts war der Meisenweg. Die Kommissarin überlegte angestrengt und endlich fiel ihr die richtige Straße ein.

1. Wohin muss Frau Yilmaz fahren? Suche die Pluralform oder einen Wortverwandten der folgenden Wörter, trage sie in das Rätsel ein und finde den Straßennamen heraus.

* https://cloud.verlagruhr.de/lerninhalt/Hm88vHEQV0tP/

Auslautableitung

Die gestohlenen Goldstücke (2/4)

1. **Zweig**
2. **Zeugnis**
3. **Erlebnis**
4. **Rand**
5. **Grund**
6. **Lied**
7. **biegsam**
8. **Redner**
9. **Korb**
10. **Wut**
11. **Blut**
12. **Brot**
13. **Hand**
14. **Sog**
15. **Schublade**
16. **schadhaft**
17. **Mond**

1	2	3	4	5	6	7	8	9

Dort drüben musste es sein! Kommissarin Yilmaz hielt vor einer großen Villa. Ein hoher Zaun umgab das riesige Grundstück. Das Tor zur Einfahrt des Hauses war nur angelehnt und sämtliche Fenster der Villa waren hell erleuchtet. Sie ging durch das Tor und eilte hoch zum Haus. Auch die Haustür stand offen und sie sah zwei ihrer Kollegen im Flur des Hauses stehen. Sie lauschten einer Männerstimme, die aufgeregt etwas erzählte.

~

Die Kommissarin klopfte an die Tür und räusperte sich. „Guten Abend“, sagte sie und stieß die Tür weiter auf. „Hier wurde eingebrochen, stimmt das?“
Die Kollegen wandten sich ihr zu. Erleichterung war auf ihren Gesichtern zu erkennen. „Richtig“, sagte der größere der beiden. „Hier …“

Auslautableitung

Die gestohlenen Goldstücke (3/4)

„Es ist ein Skandal!“, rief ein aufgebrachter Mann im Bademantel. „Ein waschechter Skandal!“ Er fuchtelte wild mit den Händen in der Luft herum und war ganz rot im Gesicht. „Man hat mich bestohlen! Mich! Das muss man sich mal vorstellen!“. Er wurde immer lauter und aufgeregter. „Und Ihre Kollegen hier haben nichts Besseres zu tun, als mir Fragen zu stellen! Die Kriminellen sind doch inzwischen über alle Berge! Es ist …“

~

„Nun beruhigen Sie sich erst mal“, meinte die erfahrene Kommissarin. „Mein Name ist Yilmaz und ich bin Expertin für Einbruchdiebstähle.“ Der Mann verstummte und betrachtete die Kommissarin argwöhnisch.
„Die Kollegen haben sich ganz richtig verhalten. Wir müssen so viel wie möglich erfahren, um die Täter oder Täterinnen schnell fassen zu können. Was ist denn gestohlen worden?“

~

Der Mann lief wieder rot an und rang nach Luft. „Es ist ein Skandal!“, rief er wieder. „Ein Skandal! Es hat schon meiner Urgroßmutter gehört und jetzt ist es in den Händen von Kriminellen!“
Kommissarin Yilmaz bemühte sich, ruhig zu bleiben. „Was denn, Herr …“. Sie wusste noch gar nicht, wie der eigenartige Mann hieß. „Herr Wagner“, berichtete ihr Kollege.
Die Kommissarin nickte dankbar. „Herr Wagner, was ist denn gestohlen worden?“
„Mein Gold, das ist doch klar“, rief der kleine Mann empört. „Kommen Sie, ich zeige es Ihnen.“

~

Er stampfte eine Treppe hinunter in einen kleinen Raum, in dem ein großer Tresor stand – oder vielmehr das, was davon übrig geblieben war. Denn die Tür war offensichtlich aufgesprengt worden. „Das muss aber ganz schön laut gewesen sein“, meinte Kommissarin Yilmaz.

Auslautableitung

Die gestohlenen Goldstücke (4/4)

„Und wie! Ich dachte, die Welt geht unter!“, nickte Herr Wagner. Er zeigte auf 13 Truhen, die leer im Raum herumstanden. „Die waren alle im Tresor. Es sind Originaltruhen, zweihundert Jahre alt. Jede Truhe enthielt 10 Kisten und jede Kiste 10 Säcke. In jedem Sack befanden sich 9 Beutel mit 9 Goldstücken. Es ist ein unbeschreiblicher Verlust.“ Kommissarin Yilmaz war etwas verwirrt. „Wie viele Goldstücke sind Ihnen denn jetzt gestohlen worden?“ Herr Wagner wurde wieder ganz rot. „110 000 Goldstücke. Können Sie sich das vorstellen? Es ist ein Skandal!“

~

„Soso“, murmelte Kommissarin Yilmaz. „Bevor wir die Täter oder Täterinnen jagen, müssen Sie uns aber erst einmal die Wahrheit sagen“, sagte sie ernst. „Sie haben uns nämlich angelogen.“

2. Stimmt das? Hat Herr Wagner gelogen? Und wenn ja, wie? Tipp: Die Lösung dieses Rätsels hat nichts mit Rechtschreibung zu tun.

3. Wie geht die Geschichte aus? Ergänze die Wortverwandten aus dem Text.

Frau Yilmaz

knifflig ➲ ___ ___ ___ ___ ___ ___ ___ ___ ___

Diebe ➲ ___ ___ ___ ___ ___ ___ ___ ___ ___ ___

wanken ➲ ___ ___ ___ ___ ___ ___

Gesicht ➲ ___ ___ ___ ___ ___ ___ ___ ___ ___

wilder ➲ ___ ___ ___ ___

Berg ➲ ___ ___ ___ ___ ___

richtiger ➲ ___ ___ ___ ___ ___ ___ ___

goldig ➲ ___ ___ ___ ___

Welten ➲ ___ ___ ___ ___

die Schuldigen.

Die gestohlenen Goldstücke – LÖSUNGEN

S. 32–34: Die gestohlenen Goldstücke

1. Herr Wagner hat die Anzahl der Goldstücke übertrieben.
In Wahrheit waren es nur **105 300**.

2. Frau Yilmaz **fängt** die Schuldigen.
knifflig ➲ knifflige
Diebe ➲ Diebstähle
wanken ➲ wankte
richtiger ➲ richtig
goldig ➲ Gold
Welten ➲ Welt

S. 35–38: Die gestohlenen Goldstücke

1. Das Haus befindet sich im **Meisenweg**.

1. Zweige (7)	7. biegen	13. Hände (6)
2. Zeugen	8. reden (2)	14. saugen (4, 9)
3. erleben (8)	9. Körbe	15. schieben (3, 8)
4. Ränder	10. wütend (7)	16. schaden
5. Gründe	11. bluten	17. Monde (1)
6. Lieder (5)	12. Brote	

2. Herr Wagner hat die Anzahl der Goldstücke übertrieben.
In Wahrheit waren es nur **105 300**.

3. Frau Yilmaz **fängt** die Schuldigen.
knifflig ➲ knifflige
Diebe ➲ Diebstähle
wanken ➲ wankte
Gesicht ➲ Gesichter
wilder ➲ wild
Berg ➲ Berge
richtiger ➲ richtig
goldig ➲ Gold
Welten ➲ Welt

Umlautableitung

Das Testament (1/4)

Lena und Milan sind auf der Suche nach dem Testament ihrer Oma Erna. Lies den Text und hilf den beiden, die Rätsel zu lösen und das geheime Versteck zu finden.

*

„Psst, leise!", flüsterte Lena. „Sonst weckst du den Hund!" Auf Zehenspitzen schlichen Lena und Milan durch die alte Villa. Sie hatte Oma Erna gehört, die ungeheuer reich gewesen war und eine Vorliebe für kleine Spielchen gehabt hatte.

~

Jetzt war Oma Erna gestorben und Lenas und Milans Eltern sollten erben. Das hatte Oma Erna oft gesagt, wenn sie zusammen Weihnachten verbracht hatten. Doch – wie sollte es auch anders sein – Oma Erna hatte natürlich kein normales Testament gemacht und beim Notar hinterlegt. Stattdessen hatte sie kurz vor ihrem Tod kaum hörbar geflüstert: „Das ‚ä', vergesst es nicht ... es führt euch zum Ziel."
Mit zittrigen Händen hatte sie Lena einen Zettel zugesteckt. Lena hatte ihn in ihrer Hosentasche verstaut und in ihrer großen Traurigkeit zunächst dort vergessen.

~

Wochen waren seitdem vergangen. Die Eltern der Geschwister hatten jede erdenkliche Anstrengung unternommen, dem Rätsel des „ä" auf die Spur zu kommen – ohne Erfolg. Dann war Lena der Zettel wieder eingefallen. Darauf stand ein unvollständiger und rätselhafter Satz:

Wer Sch..........tze sucht, sollte die N..........chte im Bett verbringen und seine W..........sche sauber halten.

1. In dem Satz fehlen einige Buchstaben. Setze sie ein.

Umlautableitung

Das Testament (2/4)

Zunächst waren Lena und Milan ratlos gewesen, doch dann erinnerten sie sich an den Hinweis ihrer Oma. Sie setzten die fehlenden Buchstaben ein und beschlossen, Oma Ernas Schlafzimmer selbst noch einmal gründlich zu durchsuchen.

„Urlaub!“, flüsterte Milan. „Wenn wir das Testament finden, wünsche ich mir einen richtig schönen Urlaub am Meer … ups!“

Er stieß gegen seine Schwester, die stehen geblieben war, damit sie um eine Ecke schauen konnte. Herr Stracke, der Hausmeister ihrer Oma, und sein Schäferhund lebten noch in der Villa, um sie instand zu halten.

~

„Alles klar, wir können weiter“, wisperte Lena und schlich voran. Kurz darauf standen sie vor der großen Holztür, hinter der sich das Schlafzimmer ihrer Oma befand. Vorsichtig drückte Lena die Klinke hinunter. Ein lautes Quietschen ließ die beiden zusammenfahren. Völlig bewegungslos warteten sie darauf, dass der Hund zu bellen anfing und Herr Stracke sie entdeckte.

Doch nichts geschah. Im Haus blieb es vollkommen ruhig.

~

Lena stupste die Tür an und diese schwang, leise knarrend, auf. Ohne ein Wort schlichen die Geschwister ins Zimmer und sahen sich um. Ihre Augen mussten sich erst an das Halbdunkel gewöhnen. Dort stand Oma Ernas großes Himmelbett, hier ihr riesiger Kleiderschrank, da vorne ihre Kommode …

~

„Dort drüben!“, flüsterte Lena aufgeregt. „Sie steht tatsächlich noch da!“

Sie zeigte auf Oma Ernas Wäschetruhe. Milan öffnete den Deckel und Lena begann ziemlich rücksichtslos, in der Truhe zu wühlen.

„Hier ist etwas!“, keuchte sie angestrengt und Milan half ihr, eine Holzkiste herauszuheben.

Umlautableitung

Das Testament (3/4)

Aufgeregt sahen sie sich an. Sie waren auf der richtigen Spur. Vorsichtig berührte Milan den Deckel, der sich problemlos hochheben ließ.

~

Fast enttäuscht, dass es so einfach war, blickten Lena und Milan auf eine kleine Schachtel und einen Zettel, der obendrauf klebte.

Rund um den gewölbten Deckel der Schachtel verliefen kleine Metallketten, die mit einem Schloss gesichert waren. Dieses bestand aus drei Rädchen, mit denen Zahlen eingestellt werden konnten. Über dem ersten Rädchen stand „ä", über dem zweiten „äu" und über dem dritten „e". Die Geschwister betrachteten den Zettel genauer.

Erinnere dich an das „ä" und das „äu"! Die verwandten Wörter helfen dir, die richtigen Buchstaben zu finden. In einige Wörter musst du ein „e" einsetzen.

W..........nn die B..........me ihre Bl..........tter verlieren und die H..........nde k..........lter werden, naht der H..........rbst. Nun ist es Zeit, die Pf..........nzchen zu schützen und in die H..........ser zu bringen, damit sie im R..........gen und Schnee nicht erfrieren.

2. Kannst du den beiden helfen? Fülle die Lücken und zähle am Ende, wie oft du welche Buchstaben eingesetzt hast. Wenn du unsicher bist, erinnere dich an den Trick mit den Wortverwandten („Wand" – „Wände").

„Ich hab's!", rief Lena und begann, die Zahlen auf dem Schloss einzustellen. Milan sah atemlos zu.

ä | äu | e

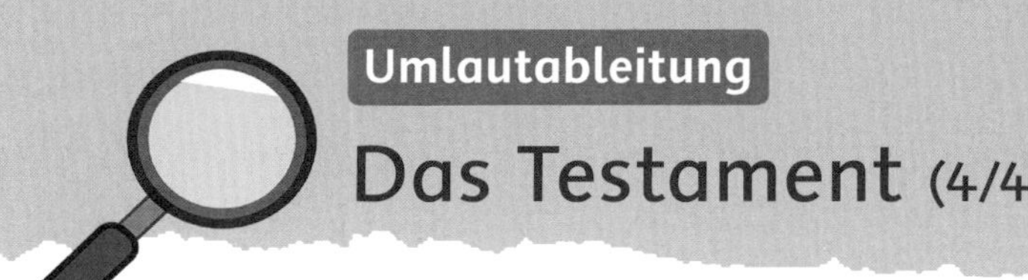

Umlautableitung

Das Testament (4/4)

Schließlich sprang das Schloss auf und die Metallketten fielen von der Schachtel ab. Atemlos hoben sie den Deckel hoch und trauten ihren Augen kaum:

Eingerollt und mit einem roten Siegel versehen, lag dort ein Brief, auf dem in großen Buchstaben „Letzter Wille der Erna Mathilde Hasenried“ stand.

„Wir haben es geschafft!“, jubelte Milan.

Umlautableitung

Das Testament (1/4)

Lena und Milan sind auf der Suche nach dem Testament ihrer Oma Erna. Lies den Text und hilf den beiden, die Rätsel zu lösen und das geheime Versteck zu finden.

 *

„Psst, leise!“, flüsterte Lena. „Sonst weckst du den Hund!“ Auf Zehenspitzen schlichen Lena und Milan durch die alte Villa. Sie hatte Oma Erna gehört, die ungeheuer reich gewesen war und eine Vorliebe für kleine Spielchen gehabt hatte.

~

Jetzt war Oma Erna gestorben und Lenas und Milans Eltern sollten erben. Das hatte Oma Erna oft gesagt, wenn sie gemeinsam Weihnachten verbracht hatten. Doch – wie sollte es auch anders sein – Oma Erna hatte natürlich kein normales Testament gemacht und beim Notar hinterlegt. Stattdessen hatte sie kurz vor ihrem Tod kaum hörbar geflüstert: „Das ‚ä‘, vergesst es nicht ... es führt euch zum Ziel.“

~

Wochen waren seitdem vergangen. Die Eltern der Kinder hatten jede erdenkliche Anstrengung unternommen, dem Rätsel des „ä“ auf die Spur zu kommen – ohne Erfolg. Dann hatten Lena und Milan in Oma Ernas Küchenschrank in einer Keksdose ein Blatt Papier gefunden, auf dem ein Suchspiel zu sehen war:

H Ü I N K N W A S S E R V N U E P C A P O A R M B E U P I
C O U I V N S C H R A N K V U I N P C N U B U N V E U I D
S I O D K K L V N Q R E O I N V K L Ö S L Ö M K L K K
K L A R V V N U W T A G V E M R A U M I N D N L A N G
V N R U P B U I N K J H A N D B U I N A H R U N G U I

Umlautableitung

Das Testament (2/4)

P I N V P O J V O W Ü W Ä S S E R C H E N V U I U F B B F
K L N Ö Ä R M E L V N U W P H O S N N S C H R Ä N K E V
U I P W B U I V N O W N I O N V R U I B N E R K L Ä R U N G
V R E I O P B N T Ä G L I C H B V B R Ä U M E V B
U N L Ä N G S T P B H Ä N D E V E I O E R N Ä H R U N G N U

Das Lösungswort bringt dich dem Ziel ein Stück näher.

Es hatte ein paar Tage gedauert, doch dann war es ihnen gelungen, die Lösung herauszufinden.

1. Schaffst du das auch? Suche alle Wörter im oberen Abschnitt. Finde dann die Wortverwandten im unteren Abschnitt (Beispiel: „Hand" – „Hände") und schreibe deren Anfangsbuchstaben auf die Linien. Tipp: Das „Sch" zählt als ein Anfangsbuchstabe.

Lösungswort: ....

Nun waren sie erneut in die Villa ihrer Oma geschlichen, um endlich das Testament zu finden. „Urlaub!", flüsterte Milan. „Wenn du Recht hast und wir das Testament finden, wünsche ich mir einen richtig schönen Urlaub am Meer ... ups!"

~

Er stieß gegen seine Schwester, die stehen geblieben war, damit sie um eine Ecke schauen konnte. Herr Stracke, der Hausmeister ihrer Oma, und sein finster aussehender Schäferhund lebten noch in der Villa, um sie instand zu halten.

~

„Alles klar, wir können weiter", wisperte Lena und schlich voran. Kurz darauf standen sie vor der großen Holztür, hinter der sich das Schlafzimmer ihrer Oma befand.

~

Umlautableitung

Das Testament (3/4)

Vorsichtig drückte Lena die Klinke hinunter. Ein lautes Quietschen ließ die beiden zusammenfahren. Völlig bewegungslos warteten sie darauf, dass der Hund zu bellen anfing und Herr Stracke sie entdeckte.

Doch nichts geschah. Im Haus blieb es vollkommen ruhig.

~

Lena stupste die Tür an und diese schwang, leise knarrend, auf. Ohne ein Wort schlichen die Geschwister ins Zimmer und sahen sich um. Ihre Augen mussten sich erst an das Halbdunkel gewöhnen. Dort stand Oma Ernas großes Himmelbett, hier ihr riesiger Kleiderschrank, da vorne ihre Kommode …

„Dort drüben!“, flüsterte Lena aufgeregt. „Sie steht tatsächlich noch da!“

~

Sie zeigte auf Oma Ernas Wäschetruhe. Milan öffnete den Deckel und Lena begann ziemlich rücksichtslos, in der Truhe zu wühlen.

„Hier ist etwas!“, keuchte sie angestrengt und Milan half ihr, eine Holzkiste herauszuheben.

Aufgeregt sahen sie sich an. Sie waren auf der richtigen Spur. Vorsichtig berührte Milan den Deckel, der sich problemlos hochheben ließ.

~

Fast enttäuscht, dass es so einfach war, blickten Lena und Milan auf eine kleine Schachtel und einen Zettel, der obendrauf klebte.

Rund um den gewölbten Deckel der Schachtel verliefen kleine Metallketten, die mit einem Schloss gesichert waren. Dieses bestand aus drei Rädchen, mit denen Zahlen eingestellt werden konnten. Über dem ersten Rädchen stand „ä“, über dem zweiten „äu“ und über dem dritten „e“.

Die Geschwister betrachteten den Zettel genauer.

Umlautableitung

Das Testament (4/4)

Erinnere dich an das „ä" und das „äu"! Die verwandten Wörter helfen dir, die richtigen Buchstaben zu finden. In einige Wörter musst du ein „e" einsetzen.

W.........nn die B.........me ihre Bl.........tter verlieren und die H.........nde k.........lter w.........rden, naht der H.........rbst. Nun ist es Zeit, die Pfl.........nzchen zu schützen und in die H.........ser zu bringen, damit sie im R.........gen und Schnee nicht erfrieren. Vergiss nicht, sie regelm.........ßig zu w.........ssern, aber gib ihnen nicht zu viel Wasser, sonst bekommen sie die F.........le an den Wurzeln und St.........mmen.

2. Kannst du den beiden helfen? Fülle die Lücken im Text und zähle am Ende, wie oft du welchen Buchstaben eingesetzt hast. Wenn du unsicher bist, erinnere dich an den Trick mit den Wortverwandten („Wand" – „Wände").

ä äu e

„Ich hab's!", rief Lena und begann, die Zahlen auf dem Schloss einzustellen. Milan sah atemlos zu. Schließlich sprang das Schloss auf und die Metallketten fielen von der Schachtel ab. Atemlos hoben sie den Deckel hoch und trauten ihren Augen kaum: Eingerollt und mit einem roten Siegel versehen, lag dort ein Brief, auf dem in großen Buchstaben „Letzter Wille der Erna Mathilde Hasenried" stand.

~

„Wir haben es geschafft!", jubelte Milan.

Das Testament – LÖSUNGEN

S. 40–43: Das Testament

1. Der vollständige Satz lautet: **„Wer Schätze sucht, sollte die Nächte im Bett verbringen und seine Wäsche sauber halten."**

2. Der Code für das Zahlenschloss lautet: **4 2 3**.

Wörter mit „ä"	Wörter mit „äu"	Wörter mit „e"
Blätter (Blatt)	Bäume (Baum)	wenn
Hände (Hand)	Häuser (Haus)	Herbst
kälter (kalt)		Regen
Pflänzchen (Pflanze)		

S. 44–47: Das Testament

1. Das Lösungswort lautet **„Wäschetruhe"**.

H Ü I N K N **W A S S E R** V N U E P C A P O **A R M** B E U P I
C O U I V N **S C H R A N K** V U I N P C N U B U N V E U I D
S I O D K K L V N Q R E O I N V K L Ö S L Ö M K L K K
K L A R V V N U W **T A G** V E M **R A U M** I N D N **L A N G**
V N R U P B U I N K J **H A N D** B U I **N A H R U N G** U I
P I N V P O J V O W Ü **W Ä S S E R C H E N** V U I U F B B F
K L N Ö **Ä R M E L** V N U W P H O S N N **S C H R Ä N K E** V
U I P W B U I V N O W N I O N V R U I B N **E R K L Ä R U N G**
V R E I O P B N **T Ä G L I C H** B V B **R Ä U M E** V B
U N L Ä N G S T P B **H Ä N D E** V E I O **E R N Ä H R U N G** N U

2. Der Code für das Zahlenschloss lautet: **7 3 4**.

Wörter mit „ä"	Wörter mit „äu"	Wörter mit „e"
Blätter (Blatt)	Bäume (Baum)	wenn
Hände (Hand)	Häuser (Haus)	werden
kälter (kalt)	Fäule (faul)	Herbst
Pflänzchen (Pflanze)		Regen
regelmäßig (Maß)		
wässern (Wasser)		
Stämmen (Stamm)		

Doppelkonsonanten

Eine spannende Schnitzeljagd (1/4)

Cara und Sofia haben beschlossen, während ihres Mexiko-Urlaubs an einer Schnitzeljagd teilzunehmen. Lies den Text, löse die Rätsel und hilf den beiden Schwestern, ans Ziel zu kommen.

 *

Mexiko! Cara und Sofia konnten es immer noch nicht fassen. Drei Jahre lang waren sie immer mit der Jugendgruppe in die Eifel gefahren.

Aber in diesem Jahr hatten sie für die ganze Familie eine Reise nach Mexiko gewonnen. Und so saßen die Schwestern und ihre Mutter Susanne zufrieden am Pool und schlürften Fruchtsäfte.

~

Vor drei Tagen waren sie im Hotel in Tulum angekommen und die Mädchen hatten mittlerweile jede Ecke des riesigen Swimming-Pools erkundet. Es gab mehrere Wasserrutschen, kleine Wasserfälle, einen Strömungskanal und sogar schnorcheln konnte man.

~

Gerade als sie dachten, dass ihnen doch ein bisschen langweilig werden könnte, kam José, der Clubanimateur, auf sie zu.

„Hola, chicas! Wir machen eine Schnitzeljagd. Macht ihr mit? Es gibt auch einen tollen Preis zu gewinnen!", verkündete José fröhlich und strahlte sie an.

„Na, das ist doch eine prima Idee", meinte ihre Mutter.

Die beiden Mädchen waren neugierig geworden. Warum eigentlich nicht?

~

„Na gut", sagte Sofia. „Wann und wo geht's los?"

„Ihr könnt sofort loslegen!", antwortete José. Er überreichte ihnen ein zusammengerolltes Stück Papier und verschwand. Cara und Sofia sahen sich an. Und jetzt?

* https://cloud.verlagruhr.de/lerninhalt/XsCDu6cEJcfv/

Doppelkonsonanten

Eine spannende Schnitzeljagd (2/4)

„Na los, roll es auseinander“, meinte Cara. Zu ihrem Erstaunen sahen sie ein Kreuzworträtsel. Darüber stand geschrieben:

„Das Lösungswort weist dir den Weg.“

1. Hilf Cara und Sofia, das Kreuzworträtsel auszufüllen und das Lösungswort herauszufinden. Denk daran: Die gesuchten Wörter enthalten alle Doppelkonsonanten.

1. Vater und …
2. der Tag vor Freitag
3. Nach dem Frühling kommt der …
4. Schneidewerkzeug
5. Darin nimmst du ein Bad.
6. durchsichtige Flüssigkeit
7. Sie scheint vom Himmel.

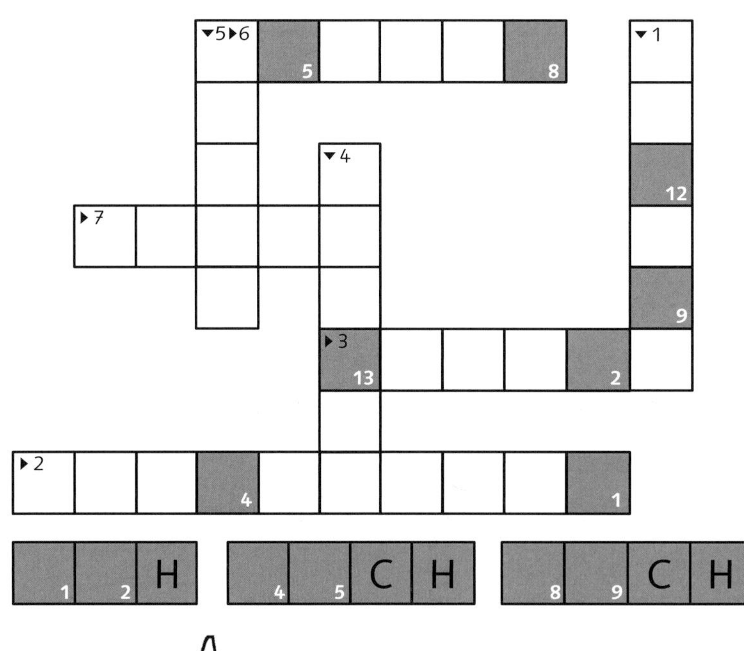

„Los, wir brauchen einen Stift“, rief Sofia. Cara wühlte in ihrer Tasche, bis sie einen Kugelschreiber gefunden hatte. Nach und nach füllten die Schwestern gemeinsam alle Felder aus und liefen danach suchend um den Pool herum.

„Hier!“, rief Cara plötzlich. „Ich hab was gefunden!“

Eine spannende Schnitzeljagd (3/4)

Sofia eilte zu ihr hin. Tatsächlich, an einer großen Palme führte rechts ein kleiner Pfad vorbei. Sie folgten dem Weg und fanden auf einer Lichtung einen Baum, an dem ein Schild mit einer Aufgabe und lückenhaften Wörtern befestigt war:

Ermittle die Wörter, in die ein Doppelkonsonant eingefügt werden muss. So erhältst du den nächsten Hinweis.

p oder pp: Pu............e , Hu............e, Li............e; Ma............e, Am............el

s oder ss: Ro............e, Nu............, be............er, Pau............e

f oder ff: Lö............el, Brie............, Ap............el

l oder ll: Te............er, Mi............ch, Tabe............e

Lösungswort: .... A .... E .... A ....

2. Kannst du Cara und Sofia helfen, die Aufgabe zu lösen? Ergänze in den Wörtern entweder einen einfachen oder einen Doppelkonsonanten. Notiere danach die Anfangsbuchstaben der Wörter, die einen Doppelkonsonanten enthalten, um die Lösung zu erhalten.

„Alles klar! Hier entlang!", verkündete Cara, nachdem sie den Hinweis ermittelt hatten. Sie liefen zu einem großen, grünen Blatt, das auf den Boden gefallen war. Sofia hob es hoch und die beiden sahen, dass auf der Rückseite etwas geschrieben stand:

Doppelkonsonanten

Eine spannende Schnitzeljagd (4/4)

Die Schwestern schauten sich suchend um. Da erblickte Cara einen Pfad, der geradeaus zwischen zwei Palmen hindurchführte. Sie gab Sofia ein Zeichen und die beiden rannten los. Nach einiger Zeit hörten sie Stimmen und das Plätschern von Wasser. Sie bogen um eine Kurve und standen wieder am Pool.

~

José klatschte begeistert in die Hände.

„Bravo! Bravo!“, rief er. „So schnell war noch niemand! Ihr seid die ersten! Dafür gibt es einen Preis!“

Cara und Sofia sahen sich stolz an. Das hatten sie sich aber auch verdient.

~

„Ihr habt einen Tag im Abenteuer-Aqualand gewonnen! Viel Spaß!“, verkündete José strahlend.

Sofia klopfte ihrer Schwester auf die Schulter.

„Das haben wir gut gemacht. Aber das war erst einmal unsere letzte Schnitzeljagd, okay?“, meinte sie und Cara nickte zustimmend.

Doppelkonsonanten

Eine spannende Schnitzeljagd (1/5)

Cara und Sofia haben beschlossen, während ihres Mexiko-Urlaubs an einer Schnitzeljagd teilzunehmen. Lies den Text, löse die Rätsel und hilf den beiden Schwestern, ans Ziel zu kommen.

 *

Mexiko! Cara und Sofia konnten es immer noch nicht fassen. Drei Jahre lang waren sie immer mit der Jugendgruppe in die Eifel gefahren.
Aber in diesem Jahr hatten sie für die ganze Familie eine Reise nach Mexiko gewonnen. Und so saßen die Schwestern und ihre Mutter Susanne zufrieden am Pool und schlürften köstliche Fruchtsäfte.

~

Vor drei Tagen waren sie im Hotel in Tulum angekommen und die Mädchen hatten mittlerweile jede Ecke des riesigen Swimming-Pools erkundet. Es gab mehrere Wasserrutschen, kleine Wasserfälle, einen Strömungskanal und sogar schnorcheln konnte man.

~

Gerade als sie dachten, dass ihnen doch ein bisschen langweilig werden könnte, kam José, der Clubanimateur, auf sie zu.
„Hola, chicas! Wir machen eine Schnitzeljagd. Kommt ihr mit? Es gibt auch einen tollen Preis zu gewinnen!", verkündete José fröhlich und strahlte sie an.
„Na, das ist doch eine prima Idee", meinte ihre Mutter.
Die beiden Mädchen waren neugierig geworden. Warum eigentlich nicht?

~

„Na gut", sagte Sofia. „Wann und wo geht's los?"
„Ihr könnt sofort loslegen", antwortete José. Er überreichte ihnen ein zusammengerolltes Stück Papier und verschwand.
Cara und Sofia sahen sich an. Und jetzt?

* https://cloud.verlagruhr.de/lerninhalt/XsCDu6cEJcfv/

Doppelkonsonanten

Eine spannende Schnitzeljagd (2/5)

„Na los, roll es auseinander“, meinte Cara. Zu ihrem Erstaunen sahen sie ein Kreuzworträtsel. Darüber stand geschrieben:

„Das Lösungswort weist dir den Weg.“

1. Hilf Cara und Sofia, das Kreuzworträtsel auszufüllen und das Lösungswort herauszufinden. Denk daran: Die gesuchten Wörter enthalten alle Doppelkonsonanten.

1. ohne Punkt und …
2. der Tag nach Dienstag
3. anderes Wort für klug/gebildet
4. Wer nicht spricht, ist …
5. Darin schläfst du.
6. Sie besteht aus Stufen.
7. Sie scheint vom Himmel.
8. Tier mit langem Hals
9. Du schmierst sie auf dein Brot.
10. Damit fährst du im Schnee.
11. Geräusch von Bienen
12. Daran nuckeln Babys.
13. Teil der Bettwäsche
14. Kleidungsstück für die Füße

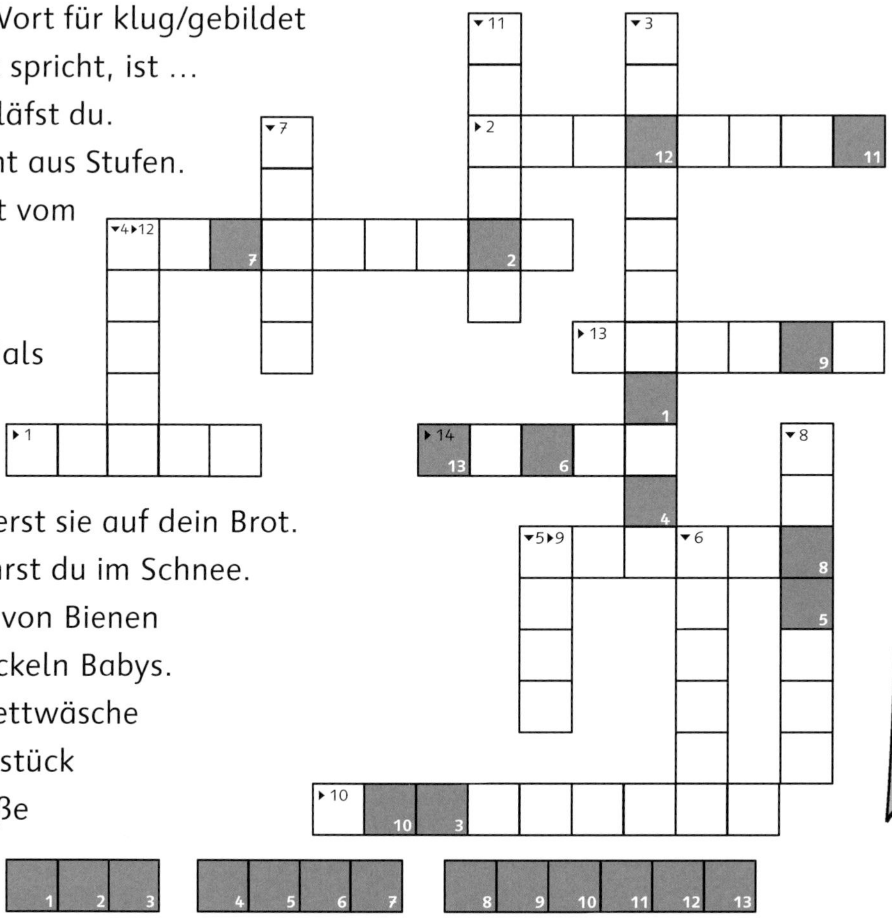

1	2	3		4	5	6	7		8	9	10	11	12	13

Doppelkonsonanten

Eine spannende Schnitzeljagd (3/5)

„Los, wir brauchen einen Stift“, rief Sofia. Cara wühlte in ihrer Tasche, bis sie einen Kugelschreiber gefunden hatte. Nach und nach füllten die Schwestern gemeinsam alle Felder aus und liefen danach suchend um den Pool herum. „Hier!“, rief Cara plötzlich. „Ich hab was gefunden!“ Sofia eilte zu ihr hin. Tatsächlich, an einer großen Palme führte rechts ein kleiner Pfad vorbei. Sie folgten dem Weg und fanden auf einer Lichtung einen Baum, an dem ein Schild mit einer Aufgabe und lückenhaften Wörtern befestigt war:

Ermittle die Wörter, in die ein Doppelkonsonant eingefügt werden muss. So erhältst du den nächsten Hinweis.

p oder pp: Pu............e, A............laus, Li............e; Am............el, Ma............e

s oder ss: Ro............e, E............en, Nu............, Pau............e, be............er

f oder ff: Lö............el, Brie............, A............e, Lu............t

l oder ll: Wi............dnis, Te............er, Mi............ch, Tabe............e

Lösungswort: ....

2. Kannst du Cara und Sofia helfen, die Aufgabe zu lösen? Ergänze in den Wörtern entweder einen einfachen oder einen Doppelkonsonanten. Notiere danach die Anfangsbuchstaben der Wörter, die einen Doppelkonsonanten enthalten, um die Lösung zu erhalten.

„Alles klar! Hier entlang!“, verkündete Cara, nachdem sie den Hinweis ermittelt hatten. Sie liefen zu einem großen, grünen Blatt, das auf den Boden gefallen war. Sofia hob

Eine spannende Schnitzeljagd (4/5)

es hoch und die beiden sahen, dass auf der Rückseite etwas geschrieben stand:

Kannst du die Buchstaben „z" und „k" in deutschen Wörtern verdoppeln? Der Pfad neben dem Baum mit der richtigen Lösung führt dich ans Ziel!

3. Welchen Pfad müssen Cara und Sofia wählen?

„Na toll", meinte Sofia. „Genau mein Thema!" „Alles klar! Hier entlang!", verkündete hingegen Cara. Die Kinder folgten einem Pfad und hörten nach einiger Zeit Stimmen und das Plätschern von Wasser. Sie bogen um eine Kurve und standen wieder am Pool.

~

José klatschte begeistert in die Hände. „Bravo! Bravo!", rief er. „So schnell war noch niemand! Ihr seid die ersten! Dafür gibt es einen Preis!"

~

Eine spannende Schnitzeljagd (5/5)

Cara und Sofia sahen sich stolz an. Das hatten sie sich aber auch verdient.

~

„Ihr habt einen Tag im Abenteuer-Aqualand gewonnen! Viel Spaß!“, verkündete José strahlend.
Sofia klopfte ihrer Schwester auf die Schulter.
„Das haben wir gut gemacht. Aber das war erst einmal unsere letzte Schnitzeljagd, okay?“, meinte sie und Cara nickte zustimmend.

Eine spannende Schnitzeljagd – LÖSUNGEN

S. 49–52: Eine spannende Schnitzeljagd

1. Der Hinweis lautet: **„Geh nach rechts."**

1. Mutter
2. Donnerstag
3. Sommer
4. Messer
5. Wanne
6. Wasser
7. Sonne

2. Das Lösungswort lautet: **„Palmenblatt"**.

p oder pp: Puppe, Hupe, Lippe; Mappe, Ampel
s oder ss: Rose, Nuss, besser, Pause
f oder ff: Löffel, Brief, Apfel
l oder ll: Teller, Milch, Tabelle

S. 53–57: Eine spannende Schnitzeljagd

1. Der Hinweis lautet: **„Geh nach rechts."**

1. Komma
2. Mittwoch
3. intelligent
4. stumm
5. Bett
6. Treppe
7. Sonne
8. Giraffe
9. Butter
10. Schlitten
11. Summen
12. Schnuller
13. Kissen
14. Socke

2. Das Lösungswort lautet: **„Palmenblatt"**.

p oder pp: Puppe, Applaus, Lippe; Ampel, Mappe
s oder ss: Rose, Essen, Nuss, Pause, besser
f oder ff: Löffel, Brief, Affe, Luft
l oder ll: Wildnis, Teller, Milch, Tabelle

3. Die Buchstaben „z" und „k" können in deutschen Wörtern nicht verdoppelt werden. Die Antwort lautet also: **nein**. Der korrekte Pfad ist der **linke**.

Doppelkonsonanten

Aufregung auf dem Wochenmarkt (1/4)

Tobias möchte Erdbeeren auf dem Markt kaufen, doch der Obststand von Bauer Meier wurde verwüstet. Lies den Text, löse die Rätsel und hilf Tobias dabei, herauszufinden, was dahintersteckt.

 *

„Gehst du bitte auf den Markt und holst mir zwei Schälchen Erdbeeren?", rief Tobias' Vater aus der Küche. „Ich muss jetzt los, um deine Schwester vom Handball abzuholen." Tobias rollte mit den Augen. Gerade war er dabei, endlich zum nächsten Level seines Computerspiels aufzusteigen, und jetzt das!

Seufzend wählte er die Option „Spiel beenden" aus und schlurfte in die Küche. „Na ja", dachte er, „vielleicht springt wenigstens ein Eis für mich heraus." Sein Vater drückte ihm einen Zettel in die Hand. „Hier!", sagte er. „Das müsste reichen. Von dem Rest kannst du dir ein Eis kaufen." Er zwinkerte ihm zu.

~

Tobias wollte gerade fragen, wo denn das Geld war, doch sein Vater hatte schon die Wohnungstür hinter sich zugezogen. Wie sollte Tobias mit einem einfachen Stück Papier bezahlen?

Er faltete den Zettel auseinander und las:

Lieber Tobias,
ich weiß, dass du die doppelten Konsonanten noch üben musst, und will dir helfen, dich zu verbessern. Wenn du in den folgenden Wörtern die Konsonanten richtig einsetzt, kannst du den Ort finden, an dem ich das Geld versteckt habe.
Viel Spaß!
Papa

* https://cloud.verlagruhr.de/lerninhalt/XsCDu6cEJcfv/

Doppelkonsonanten

Aufregung auf dem Wochenmarkt (2/4)

Tobias schüttelte den Kopf. Einen Deutschlehrer zum Vater zu haben, war manchmal echt eine Strafe. Doch dann begann er damit, die Lücken zu füllen.

> **1. Fülle die Lücken. Die Anfangsbuchstaben der unvollständigen Wörter, die Doppelkonsonanten enthalten, verraten dir das Versteck.**
> **Trage die Buchstaben im Lösungswort ein.**
> **Drei Buchstaben sind bereits vorgegeben.**

Die vier Elemente sind Feuer, Wasser, Erde und Lu..................t.
Im Urlaub war das Wetter i..................er schön.
Wenn die So..................e scheint, gehen wir in den Park.
Die A..................en sind aus dem Zoo ausgebrochen.
Oben am Hi..................el stehen die Sterne.

Lösungswort: E .... F .... C ....

Kurz darauf hatte Tobias das Rätsel gelöst. Er nahm zwanzig Euro aus dem Versteck und machte sich auf den Weg. Als er auf den Marktplatz einbog, sah er schon von Weitem den Stand von Bauer Meier. Dort gab es immer das knackigste und bunteste Obst.

~

Doch irgendetwas stimmte heute nicht. Normalerweise war der Stand aufgeräumt und die Waren sahen frisch und appetitlich aus. Nun waren einige leere Kisten umgekippt und die Preisschilder lagen quer über die Auslage verteilt. Und von Bauer Meier gab es weit und breit keine Spur.
Da ertönte ein Schrei hinter Tobias. „Das kann doch nicht wahr sein! Wer macht denn so etwas?"
Tobias drehte sich um und sah in das entsetzte Gesicht von Bauer Meier.

Aufregung auf dem Wochenmarkt (3/4)

„Ich war doch nur kurz im Café um die Ecke, um mir ein Brötchen zu kaufen!", rief der Bauer. „Hoffentlich wurde das Geld aus der Kasse nicht gestohlen!"

Der Mann stieg über ein paar umgekippte Kisten und überprüfte die Kasse. „Die Tageseinnahmen sind weg!"

Der Bauer war nun fast den Tränen nah.

Tobias ging zu ihm und sah einen Zettel, der auf dem Boden lag. Er hob ihn auf und las:

Sie sollten vorsichtiger sein. Nicht jede Person würde Ihnen die Möglichkeit geben, sich Ihr Geld zurückzuholen.

Finden Sie im Suchspiel alle Wörter mit doppelten Konsonanten. Die Anfangsbuchstaben der gefundenen Wörter verraten Ihnen den Ort, an dem Sie Ihr Geld wiederfinden.

Tipp: Das „Sch" gilt als ein Buchstabe.

vvhsopnbcjkafüllervbwipoibinrimmervibuipvuwi
puihiuosiuiopschimmelvbwuiphiuophbaggerv
wpihioivhjioshiodattelcnwupihfioooononsck
ksieowhiofhiosessenvbuipuhopmasfasdödsöajc

Lösungswort: .... **u** ....

2. Kannst du das Rätsel lösen? Finde heraus, wo das Geld versteckt ist.

Tobias sah den Bauern an. „Ich werde Ihnen helfen", beruhigte er den Mann und machte sich an die Lösung des Rätsels.

Schließlich winkte er Bauer Meier, damit er ihm folgte.

~

Sie mussten nicht weit laufen, dann hatten sie ihr Ziel erreicht. Frau Capella hielt ihnen einige Geldscheine entgegen.

Doppelkonsonanten

Aufregung auf dem Wochenmarkt (4/4)

„Da sind Sie ja!“, schmunzelte sie. „Ich habe schon oft gesehen, wie Sie Ihren Stand alleingelassen haben. Zwar nur kurz, aber ich fand es immer schon unvorsichtig.“

Bauer Meier nahm erleichtert, aber auch etwas verärgert sein Geld entgegen. „Aber deshalb haben Sie noch lange nicht das Recht, meinen Stand zu verwüsten und mich zu bestehlen! Sie hätten mich doch einfach ansprechen können“, erwiderte er aufgebracht.

Frau Capella blickte auf den Boden: „Ich wollte Ihnen doch nur einen Schrecken einjagen, damit Sie in Zukunft besser aufpassen. Aber ich bin wohl zu weit gegangen, entschuldigen Sie bitte!“, sagte sie kleinlaut.

~

„Wenn Sie Ihren Fehler wiedergutmachen möchten, könnten Sie uns ja dabei helfen, den Obststand aufzuräumen“, schlug Tobias Frau Capella vor, die sofort zustimmend nickte. Auch Bauer Meier war mit diesem Vorschlag einverstanden.

Er dankte Tobias: „Ohne dich hätte ich mein Geld nicht so schnell zurückbekommen. Du wolltest doch bestimmt Obst bei mir kaufen, oder? Nimm dir so viel, wie du möchtest. Ich schenke es dir.“

Tobias nickte und strahlte. Eigentlich war der Tag auch ohne Computerspiel aufregend genug gewesen.

Doppelkonsonanten

Aufregung auf dem Wochenmarkt (1/4)

Tobias möchte Erdbeeren auf dem Markt kaufen, doch der Obststand von Bauer Meier wurde verwüstet. Lies den Text, löse die Rätsel und hilf Tobias dabei, herauszufinden, was dahintersteckt.

 *

„Gehst du bitte auf den Markt und holst mir zwei Schälchen Erdbeeren?", rief Tobias' Vater aus der Küche. „Ich muss jetzt los, um deine Schwester vom Handball abzuholen." Tobias rollte mit den Augen. Gerade war er dabei, endlich zum nächsten Level seines Computerspiels aufzusteigen, und jetzt das!

Seufzend wählte er die Option „Spiel beenden" aus und schlurfte in die Küche. „Na ja", dachte er, „vielleicht springt wenigstens ein Eis für mich heraus." Sein Vater drückte ihm einen Zettel in die Hand. „Hier!", sagte er. „Das müsste reichen. Von dem Rest kannst du dir noch ein Eis kaufen." Er zwinkerte ihm zu.

~

Tobias wollte gerade fragen, wo denn das Geld war, doch sein Vater hatte schon die Wohnungstür hinter sich zugezogen. Wie sollte Tobias mit einem einfachen Stück Papier bezahlen?

Er faltete den Zettel auseinander und las:

Lieber Tobias,
ich weiß, dass du die doppelten Konsonanten noch üben musst, und will dir helfen, dich zu verbessern. Wenn du in den folgenden Wörtern die Konsonanten richtig einsetzt, kannst du den Ort finden, an dem ich das Geld versteckt habe.
Viel Spaß!
Papa

* https://cloud.verlagruhr.de/lerninhalt/XsCDu6cEJcfv/

Doppelkonsonanten

Aufregung auf dem Wochenmarkt (2/4)

Tobias schüttelte den Kopf. Einen Deutschlehrer zum Vater zu haben, war manchmal echt eine Strafe. Doch dann begann er damit, die Lücken zu füllen.

> **1. Fülle die Lücken und vervollständige die Redensarten. Die Anfangsbuchstaben der unvollständigen Wörter, die Doppelkonsonanten enthalten, verraten dir das Versteck.**
> **Trage die Buchstaben im Lösungswort ein.**
> **Ein Buchstabe ist bereits vorgegeben.**

Nach der E..................e kommt die Flut.
Da bleibt mir die Lu..................t weg.
Für i..................er und e..................ig.
So..................e, Mond und Sterne.
Mit der Tür ins Haus fa..................en.
Das bleibt in der Fa..................ilie.
Da laust mich doch der A..................e.
Es ist noch kein Meister vom Hi..................el gefallen.

Lösungswort: .... **c** ....

Kurz darauf hatte Tobias das Rätsel gelöst. Er nahm zwanzig Euro aus dem Versteck und machte sich auf den Weg. Als er auf den Marktplatz einbog, sah er schon von Weitem den Stand von Bauer Meier. Dort gab es immer das knackigste und bunteste Obst.

~

Doch irgendetwas stimmte heute nicht. Normalerweise war der Stand aufgeräumt und die Waren sahen frisch und appetitlich aus. Nun waren einige leere Kisten umgekippt und die Preisschilder lagen quer über die Auslage verteilt. Und von Bauer Meier gab es weit und breit keine Spur.

Doppelkonsonanten

Aufregung auf dem Wochenmarkt (3/4)

Da ertönte ein Schrei hinter Tobias. „Das kann doch nicht wahr sein! Wer macht denn so etwas?“ Tobias drehte sich um und sah in das entsetzte Gesicht von Bauer Meier.

„Ich war doch nur kurz im Café um die Ecke, um mir ein Brötchen zu kaufen!“, rief der Bauer. „Hoffentlich wurde das Geld aus der Kasse nicht gestohlen!“ Er stieg über ein paar umgekippte Kisten und überprüfte die Kasse.

„Die Tageseinnahmen sind weg!“ Der Bauer war nun fast den Tränen nah.

Tobias ging zu ihm und sah einen Zettel, der auf dem Boden lag. Er hob ihn auf und las:

Sie sollten vorsichtiger sein. Nicht jede Person würde Ihnen die Möglichkeit geben, sich Ihr Geld zurückzuholen.
Finden Sie im Suchspiel alle Wörter mit doppelten Konsonanten. Die Anfangsbuchstaben der gefundenen Wörter verraten Ihnen den Ort, an dem Sie Ihr Geld wiederfinden.
Tipp: Das „Sch“ gilt als ein Buchstabe.

v v h s o f a n b c j k a f ü l l e r v b w i p o i b i n r i m m e r v i b
u i p v u m a r k t i u o s n c i p w i p u i h s c h i m m e l v b w u i
p h i u o p h b a g g e r v w p i h n i e m a n d h j i o s h i o d a t t e l
c n w u p i h f i o o h i t z e s c k k s i h i o f h i o s e s s e n v
b u i p u h o p s d o a h f d h s j v h d l f j c ö s d j l k v s d k j

Lösungswort: .... **u** ....

2. Kannst du das Rätsel auch lösen? Finde heraus, wo das Geld versteckt ist.

Doppelkonsonanten

Aufregung auf dem Wochenmarkt (4/4)

Tobias sah den Bauern an. „Ich werde Ihnen helfen“, beruhigte er den Mann und machte sich an die Lösung des Rätsels.
Schließlich winkte er Bauer Meier, damit er ihm folgte.

~

Sie mussten nicht weit laufen, dann hatten sie ihr Ziel erreicht. Frau Capella hielt ihnen einige Geldscheine entgegen.
„Da sind Sie ja!“, schmunzelte sie. „Ich habe schon oft gesehen, wie Sie Ihren Stand alleingelassen haben. Zwar nur kurz, aber ich fand es immer schon unvorsichtig.“
Bauer Meier nahm erleichtert, aber auch etwas verärgert sein Geld entgegen. „Aber deshalb haben Sie noch lange nicht das Recht, meinen Stand zu verwüsten und mich zu bestehlen! Sie hätten mich doch einfach ansprechen können“, erwiderte er aufgebracht.
Frau Capella blickte auf den Boden: „Ich wollte Ihnen doch nur einen Schrecken einjagen, damit Sie in Zukunft besser aufpassen. Aber ich bin wohl zu weit gegangen, entschuldigen Sie bitte!“, sagte sie kleinlaut.

~

„Wenn Sie Ihren Fehler wiedergutmachen möchten, könnten Sie uns ja dabei helfen, den Obststand aufzuräumen“, schlug Tobias Frau Capella vor, die sofort zustimmend nickte. Auch Bauer Meier war mit diesem Vorschlag einverstanden.
Er dankte Tobias: „Ohne dich hätte ich mein Geld nicht so schnell zurückbekommen. Du wolltest doch bestimmt Obst bei mir kaufen, oder? Nimm dir so viel, wie du möchtest. Ich schenke es dir.“
Tobias nickte und strahlte. Eigentlich war der Tag auch ohne Computerspiel aufregend genug gewesen.

Aufregung auf dem Wochenmarkt – LÖSUNGEN

S. 59–62: Aufregung auf dem Wochenmarkt

1. Das Geld ist im **Eisfach**.
   Die vier Elemente sind Feuer, Wasser, Erde und **Luft**.
   Im Urlaub war das Wetter **immer** schön.
   Wenn die **Sonne** scheint, gehen wir in den Park.
   Die **Affen** sind aus dem Zoo ausgebrochen.
   Oben am **Himmel** stehen die Sterne.

2. Die Spur führt zur **Fischbude**.
   vvhsopnbcjkafüllervbwipoibinrimmervibuipvuwi
   puihiuosiuiopschimmelvbwuiphiuophbaggerv
   wpihioivhjioshiodattelcnwupihfioooononsck
   ksieowhiofhiosessenvbuipuhopmasfasdödsöajc

S. 63–66: Aufregung auf dem Wochenmarkt

1. Das Geld ist im **Eisfach**.
   Nach der **Ebbe** kommt die Flut.
   Da bleibt mir die **Luft** weg.
   Für **immer** und **ewig**.
   Sonne, Mond und Sterne.
   Mit der Tür ins Haus **fallen**.
   Das bleibt in der **Familie**.
   Da laust mich doch der **Affe**.
   Es ist noch kein Meister vom **Himmel** gefallen.

2. Die Spur führt zur **Fischbude**.
   vvhsofanbcjkafüllervbwipoibinrimmervib
   uipvumarktiuosncipwipuihschimmelvbwui
   phiuophbaggervwpihniemandhjioshiodattel
   cnwupihfioohitzesckksihiofhiosessenv
   buipuhopsdoahfdhsjvhdlfjcösdjlkvsdkj

Dehnung: Das Dehnungs-h

Die gefälschte Statue (1/4)

Annika ist zum ersten Mal in Ägypten und möchte ein Andenken mit nach Hause nehmen. Lies den Text, löse die Rätsel und begleite Annika bei ihrer Reise durch die verschiedenen Städte.
In die Geschichte haben sich sechs Fehler eingeschlichen. Erinnere dich an die Regeln zum Dehnungs-h und markiere alle Wörter, die falsch geschrieben sind.

*

Es waren über 40 Grad im Schatten und die Sonne stand hoch oben am Himmel. In den schmalen Gassen war die Luft so heiß und stickig, dass man kaum atmen konnte.

~

Annika war zum ersten Mal in Ägypten. Mit ihren Eltern machte sie eine Kreuzfart auf dem Nil. Gestartet waren sie in einer Stadt namens Luxor.
Dort gab es riesige, alte Tempel mit beeindruckenden Statuen. Viele davon zeigten Gestalten, die halb Mensch, halb Tier waren. Eine dieser Statuen war ganz schwarz und zeigte eine Gottheit, die den Körper eines Menschen und den Kopf eines Hundes hatte. Annika kam aus dem Stauhnen gar nicht mehr heraus. Besonders gut hatte ihr die löwenköpfige Figur einer Göttin namens Sachmet gefallen, die die alten Ägypter verehrt hatten.

~

Auf dem Schiff war es immer ziemlich langweilig. Meistens stand Annika oben an Deck und bewunderte die Landschaft. Sie freute sich schon auf die Ankunft in der nächsten Stadt. Doch als sie ihre Eltern danach fragte, wie noch mal der Name der Stadt lautete, drückten sie ihr nur einen Zettel mit einem Rätsel in die Hand. „Vielleicht können wir dich damit eine Weile beschäftigen“, meinte ihr Vater.

* https://cloud.verlagruhr.de/lerninhalt/OxCpWpcoBTFi/

Dehnung: Das Dehnungs-h

Die gefälschte Statue (2/4)

1. Finde die gesuchten Wörter und hilf Annika, den Namen der Stadt herauszufinden. Die grau hinterlegten Buchstaben ergeben den Namen. Tipp: Alle Wörter enthalten ein Dehnungs-h.

Kräht am Morgen: ____ ____ ____ ____

Sitzmöbel: ____ ____ ____ ____ ____

Zeigt die Zeit an: ____ ____ ____

Infinitiv (Grundform) von „du nimmst“:

____ ____ ____ ____ ____ ____

Lösungswort: ____ ____ **S** ____ **A** ____

Nach kurzer Zeit hatte Annika das Rätsel gelöst und wenig später fur das Schiff auch schon in den nächsten Hafen ein.

~

„Was für eine atemberaubende Stadt!“, dachte Annika. So eine trubelige und aufgeladene Stimmung hatte sie noch nie zuvor erlebt.
Gemeinsam mit ihren Eltern lief sie nun durch die vollen Gassen. Bald gelangten sie auf einen großen Markt. „Basar“ nannte man das hier. Verschiedene Händler und Händlerinnen bohten dort ihre Waren an: Kleidung, Schmuck, Gewürze, Obst, Gemüse und auch Fleisch.

~

Immer wieder wurden sie angesprochen. Einige Male wurden ihnen Süßigkeiten zum Probieren vor die Nase gehalten.

~

Sie bogen nach rechts ab und kamen in eine Gasse, in der viele kleine Töpfereien ihre Sachen anboten.
Auf dem Boden hatte ein Händler Decken ausgebreitet. Darauf lagen kleine Statuen genau solcher Wesen, wie Annika sie in den Tempeln gesehen hatte.

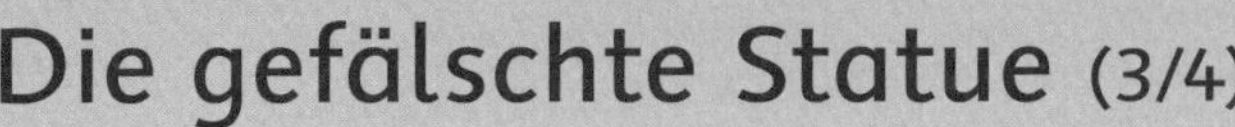

Dehnung: Das Dehnungs-h

Die gefälschte Statue (3/4)

Auf einer Decke stand auch die Figur der löwenköpfigen Göttin Sachmet, die Annika so gut gefallen hatte. Sie blieb stehen und bewunderte die Figur einen Moment lang.

„Gefällt dir diese schöne Statue?“, fragte der Verkäufer. „Ich mache dir einen guten Preihs! Zwanzig Euro. Na, was sagst du?“
„Dürfen wir die Figur mal in die Hand nehmen?“, fragte Annikas Mutter den Verkäufer.
„Ja, gerne“, antwortete er. „Schauen Sie sie ganz in Ruhe an.“

Annika nahm die Figur und betrachtete sie genauer. Sie war wirklich wunderschön. Sie drehte sie um. Auf dem Boden der Statue waren Zahlen eingeritzt. „1588 v. Chr.“, stand da.

„Die Statue ist ein Original und ser wertvoll und alt“, sagte der Verkäufer. „Aber wenn sie dir so gut gefällt, gebe ich sie dir für nur 18 Euro.“
„Da kann man aber wirklich nichts sagen“, meinte Annikas Mutter und zückte schon ihre Geldbörse.
„Nein, Mama, lass uns weitergehen“, sagte Annika und stellte die Figur zurück. „Die Statue kann gar nicht echt sein.“

2. Wie kommt Annika darauf, dass es sich bei der Figur nicht um ein Originalstück handeln kann? Tipp: Bei dieser Aufgabe ist logisches Denken gefragt.

„Schaut mal, was es hier drüben gibt!“, rief plötzlich Annikas Vater, der schon die Waren des gegenüberliegenden Standes betrachtete. Gespannt liefen Annika und ihre Mutter zu ihm hin. „Erinnert ihr euch an diese Gottheit?“, fragte er und hielt begeistert eine kleine Schmuckdose hoch. Auf

Dehnung: Das Dehnungs-h

Die gefälschte Statue (4/4)

dem Deckel war das Wesen mit dem menschlichen Körper und dem Hundekopf abgebildet, dessen Statue sie schon in Luxor bewundert hatten. „Na klar!“, antwortete Annika. „Nach der Göttin Sachmet hat mir diese Gottheit am besten gefallen.“

~

„Wenn Sie das Kästchen haben möchten, verkaufe ich es Ihnen für zwölf Euro“, mischte sich die Händlerin des Standes in das Gespräch ein. „Alle Schmuckdosen wurden selbst bemalt und sind deswegen einzigartig.“

~

Annika verglich die Dose mit zwei weiteren Schmuckkästchen und stellte fest, dass sie sich tatsächlich leicht voneinander unterschieden. „Zwölf Euro klingt nach einem fairen Preis, oder?“, meinte Annika und freute sich, dass sie doch noch ein schönes Andenken an die Reise mit nach Hause nehmen würde.

3. Trage hier die sechs falsch geschriebenen Wörter, die du im Text markiert hast, in der richtigen Schreibweise ein. Die grau hinterlegten Buchstaben verraten dir, wie die Gottheit mit dem Hundekopf heißt.

1. ➲ ....

2. ➲ ....

3. ➲ ....

4. ➲ ....

5. ➲ ....

6. ➲ ....

Lösungswort: ....

Dehnung: Das Dehnungs-h

Die gefälschte Statue (1/6)

Annika ist zum ersten Mal in Ägypten und möchte ein Andenken mit nach Hause nehmen. Lies den Text, löse die Rätsel und begleite Annika bei ihrer Reise durch die verschiedenen Städte.
In die Geschichte haben sich neun Fehler eingeschlichen. Erinnere dich an die Regeln zum Dehnungs-h und markiere alle Wörter, die falsch geschrieben sind.

 *

Es waren über 40 Grad im Schatten und die Sonne stand hoch oben am Himmel. In den schmahlen Gassen war die Luft so heiß und stickig, dass man kaum atmen konnte.

~

Annika war zum ersten Mal in Ägypten. Mit ihren Eltern machte sie eine Kreuzfart auf dem Nil. Gestartet waren sie in einer Stadt namens Luxor. Dort gab es riesige, alte Tempel mit beeindruckenden Statuen. Viele davon zeigten Gestalten, die halb Mensch, halb Tier waren. Eine dieser Statuen war ganz schwarz und zeigte eine Gottheit, die den Körper eines Menschen und den Kopf eines Hundes hatte. Annika kam aus dem Stauhnen gar nicht mehr heraus. Besonders gut hatte ihr die löwenköpfige Figur einer Göttin gefallen, die die alten Ägypter verehrt hatten.

1. Wie heißt diese Göttin? Löse das Rätsel und finde es heraus.
Tipp: Alle Wörter enthalten ein Dehnungs-h.

1. hartes Metall
2. Du sitzt auf einem ...
3. männlicher Nachkomme
4. häufige Beigabe zu Kuchen oder Eis

* https://cloud.verlagruhr.de/lerninhalt/OxCpWpcoBTFi/

Dehnung: Das Dehnungs-h

Die gefälschte Statue (2/6)

5. Legt jeden Tag ein Ei.
6. Morgens kräht der ...
7. Damit hörst du (Mehrzahl).
8. 365 Tage sind ein ...
9. Kind eines Pferdes
10. langes, orangenes Gemüse (Mehrzahl)
11. Hält Kleidungsstücke zusammen.

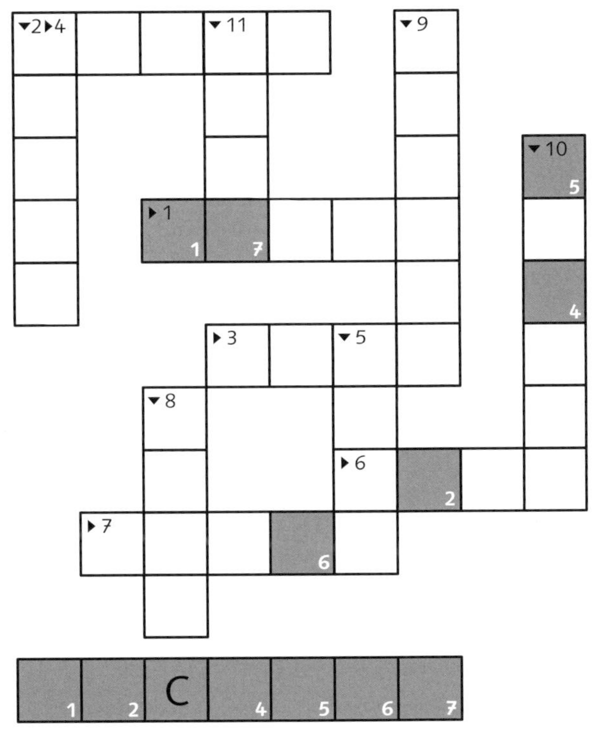

Auf dem Schiff war es immer ziehmlich langweilig. Meistens stand Annika oben an Deck und bewunderte die Landschaft. Sie freute sich schon auf die Ankunft in der nächsten Stadt. Doch als sie ihre Eltern danach fragte, wie noch mal der Name der Stadt lautete, drückten sie ihr nur einen Zettel mit einem Rätsel in die Hand. „Vielleicht können wir dich damit eine Weile beschäftigen", meinte ihr Vater.

Dehnung: Das Dehnungs-h

Die gefälschte Statue (3/6)

2. Finde die gesuchten Wörter und hilf Annika, den Namen der Stadt herauszufinden. Die markierten Buchstaben ergeben den Namen. Tipp: Alle Wörter enthalten ein Dehnungs-h.

5 ist eine ...: ....

Sonnen...: ....

untere Fläche des Schuhs: ....

Zeigt die Zeit an: ....

In einer Mühle wird Korn ...:

....

Infinitiv (Grundform) von „du nimmst":

....

Lösungswort: ....

Nach kurzer Zeit hatte Annika das Rätsel gelöst und wenig später fur das Schiff auch schon in den nächsten Hafen ein.

~

„Was für eine atemberaubende Stadt!", dachte Annika. So eine trubelige und aufgeladene Stimmung hatte sie noch nie zuvor erlebt. Gemeinsahm lief sie nun mit ihren Eltern durch die vollen Gassen. Bald gelangten sie auf einen großen Markt. „Basar" nannte man das hier. Verschiedene Händler und Händlerinnen bohten dort ihre Waren an: Kleidung, Schmuck, Gewürze, Obst, Gemüse und auch Fleisch. Immer wieder wurden sie angesprochen. Einige Male wurden ihnen Süßigkeiten zum Probieren vor die Nase gehalten.

~

Dehnung: Das Dehnungs-h

Die gefälschte Statue (4/6)

Sie bogen nach rechts ab und kamen in eine Gasse, wo viele kleine Töpfereien ihre Sachen anboten. Auf dem Boden hatte ein Händler Decken ausgebreitet. Darauf lagen kleine Statuen genau solcher Wesen, wie Annika sie in den Tempeln gesehen hatte.

~

Auf einer Decke stand auch die Figur der löwenköpfigen Göttin Sachmet, die Annika so gut gefallen hatte. Sie blieb stehen und bewunderte die Figur einen Moment lang.

~

„Gefällt dir diese schöne Statue?", fragte der Verkäufer. „Ich mache dir einen guten Preihs! Zwanzig Euro. Na, was sagst du?"
„Dürfen wir die Figur mal in die Hand nehmen?", fragte Annikas Mutter den Verkäufer.
„Ja, gerne", antwortete er. „Schauen Sie sie ganz in Ruhe an."

~

Annika nahm die Figur und betrachtete sie genauer. Sie war wirklich wunderschön. Sie drehte sie um. Auf dem Boden der Statue waren Zahlen eingeritzt. „1588 v. Chr.", stand da.

~

„Die Statue ist ein Original und ser wertvoll und alt", sagte der Verkäufer. „Aber wenn sie dir so gut gefällt, gebe ich sie dir für nur 18 Euro."
„Da kann man aber wirklich nichts sagen", meinte Annikas Mutter und zückte schon ihre Geldbörse.
„Nein, Mama, lass uns weitergehen", sagte Annika und stellte die Figur zurück. „Die Statue kann gar nicht echt sein."

Die gefälschte Statue (5/6)

3. Wie kommt Annika darauf, dass es sich bei der Figur nicht um ein Originalstück handeln kann? Tipp: Bei dieser Aufgabe ist logisches Denken gefragt.

„Schaut mal, was es hier drüben gibt!“, rief plötzlich Annikas Vater, der schon die Waren des gegenüberliegenden Standes betrachtete. Gespannt liefen Annika und ihre Mutter zu ihm hin. „Erinnert ihr euch an diese Gottheit?“, fragte er und hielt begeistert eine kleine Schmuckdose hoch. Auf dem Deckel war das Wesen mit dem menschlichen Körper und dem Hundekopf abgebildet, dessen Statue sie schon in Luxor bewundert hatten. „Na klar!“, antwortete Annika. „Nach der Göttin Sachmet hat mir diese Gottheit am besten gefallen.“

~

„Wenn Sie das Kästchen haben möchten, verkaufe ich es Ihnen für zwölf Euro“, mischte sich die Händlerin des Standes in das Gespräch ein. „Alle Schmuckdosen wurden selbst bemalt und sind deswegen einzigartig.“

~

Annika verglich die Dose mit zwei weiteren Schmuckkästchen und stellte fest, dass sie sich tatsächlich leicht voneinander unterschieden. „Zwölf Euro klingt nach einem fairen Preis, oder?“, meinte Annika und freute sich, dass sie doch noch ein schönes Andenken an die Reise mit nach Hause nehmen würde.

Die gefälschte Statue (6/6)

4. Trage hier die neun falsch geschriebenen Wörter, die du im Text markiert hast, in der richtigen Schreibweise ein. Die grau hinterlegten Buchstaben verraten dir, wie die Gottheit mit dem Hundekopf heißt.

1. ➲ ....
2. ➲ ....
3. ➲ ....
4. ➲ ....
5. ➲ ....
6. ➲ ....
7. ➲ ....
8. ➲ ....
9. ➲ ....

Lösungswort: ....

Die gefälschte Statue – LÖSUNGEN

S. 68–71: Die gefälschte Statue

1. Die Stadt heißt **Assuan**.
Kräht am Morgen: Hahn
Sitzmöbel: Stuhl
Zeigt die Zeit an: Uhr
Infinitiv (Grundform) von „du nimmst“: nehmen

2. „1588 v. Chr.“ bedeutet „1588 Jahre vor der Geburt Jesu Christi“. Das ist eine moderne Zeitrechnung. Damals konnte man noch nicht wissen, dass Jesus 1588 Jahre später geboren werden würde. Die Statue muss also sehr viel später entstanden sein.

3. Der Name der Gottheit lautet **Anubis**.
1. Kreuzfahrt (Z. 6)
2. Staunen (Z. 13)
3. fuhr (Z. 26)
4. boten (Z. 34)
5. Preis (Z. 51)
6. sehr (Z. 61)

S. 72–77: Die gefälschte Statue

1. Die Göttin heißt **Sachmet**.
1. Stahl
2. Stuhl
3. Sohn
4. Sahne
5. Huhn
6. Hahn
7. Ohren
8. Jahr
9. Fohlen
10. Möhren
11. Naht

Die gefälschte Statue – LÖSUNGEN

2. Die Stadt heißt **Assuan**.
5 ist eine ...: Zahl
Sonnen...: Strahl
untere Fläche des Schuhs: Sohle
Zeigt die Zeit an: Uhr
In der Mühle wird das Korn ...: gemahlen
Infinitiv (Grundform) von „du nimmst": nehmen

3. „1588 v. Chr." bedeutet „1588 Jahre vor der Geburt Jesu Christi". Das ist eine moderne Zeitrechnung. Damals konnte man noch nicht wissen, dass Jesus 1588 Jahre später geboren werden würde. Die Statue muss also sehr viel später entstanden sein.

4. Der Name der Gottheit lautet **Anubis**.
1. schmalen (Z. 2)
2. Kreuzfahrt (Z. 6)
3. Staunen (Z. 12)
4. ziemlich (Z. 16)
5. fuhr (Z. 25)
6. gemeinsam (Z. 30)
7. boten (Z. 33)
8. Preis (Z. 51)
9. sehr (Z. 63)

Doppelvokale

Die falsche Perle (1/3)

Samira bekommt Besuch von ihrer Lieblingstante Nicole, die die Hilfe ihrer cleveren Nichte benötigt. Lies den Text und unterstreiche alle neun Wörter, die Doppelvokale enthalten.
Löse gemeinsam mit Samira die Rätsel.

 *

Samira stand in ihrem besten Kleid vor dem Spiegel in ihrem Zimmer und betrachtete sich kritisch. Ihre Haare waren glatt zurückgekämmt und nicht ein widerspenstiges Löckchen hatte noch die Chance, sich zu kringeln. Jedes Jahr lud Tante Nicole, die großen Wert auf ein gepflegtes Äußeres legte, ihre Nichte zu einem Urlaub am Meer oder zum Skifahren in den Schnee ein.

~

Auch heute hatte Nicole versprochen, Samira zu einem gemeinsamen Ausflug abzuholen. Dieses Mal war eine Tour mit einem Tretboot geplant.
Doch Tante Nicole liebte Rätsel und forderte Samira immer wieder heraus. So hatte sie ihrer Nichte erst kürzlich ein Rätsel per E-Mail geschickt, das Samira lösen musste, bevor die Tour starten konnte.
Samira hatte die Aufgabe problemlos gemeistert und sich den Ausflug so redlich verdient.

1. Hättest du das Rätsel auch lösen können?
Finde im Suchspiel zwölf Wörter, die Doppelvokale enthalten.

M I O B U E I B B X M O O S V N Ü C M A P J N K A Ö N
D K N L Z S F S S A I S O F O Ü N M A Ä O T U O O M V N I
Ü N I O Ü S N V P A A R N V I W O B E E T C U U O A I
B I N M X K L M O O R N I W O W K N T E E R V N I W Ü
O N O N K L S A A T V N I W O Ü N O K M C P L U N D
V N I W O N I O N I I I A S R O N I W O Ü N O C N Q U I I

* https://cloud.verlagruhr.de/lerninhalt/efdheYB57yWh/

Doppelvokale

Die falsche Perle (2/3)

W I Ü O N C N O N I O N K L E E F F N I Q I I I O I N S
B E E R E A O I O N I O Ü V N I O C N I O H A S E J S A I E C
N I O I O Ü E E E E F E E I N W I O Ü N I F H N Q P O J
S T A A T N O Ü I K L Ö M O S S B U I P Q O I N N C I O
Q U A R K N I O Ü N F H A A R V N I O W Ü I Ü I J Z O K K M
W T I O N S A A L C N I O W T I O N O Ü N M K L M I Ö P

Samira hörte, wie es klingelte und ihre Mutter zur Tür lief. Auch Samira stürzte sofort aus dem Zimmer, um ihre Lieblingstante zu begrüßen.
Tante Nicole schenkte Samira ein liebevolles Lächeln und meinte: „Na, endlich kann ich meine Lieblingsnichte mal wieder in die Arme nehmen." Nicole war einfach die gute Seele der Familie.

~

„Weißt du", sagte Tante Nicole, „du bist doch so ein helles Köpfchen. Bevor wir zum See fahren … Vielleicht kannst du mir weiterhelfen."
Samira sah ihre Tante neugierig an. Nicole war selbst ziemlich clever und scharfsinnig. Wenn sie Samira um Hilfe bat, musste es sich wirklich um ein kniffliges Problem handeln. Sie waren als Paar unschlagbar im Lösen von Rätseln.

~

„Siehst du, diese Perlen gehören zu einer Kette, die mir sehr viel bedeutet. Leider ist sie kaputtgegangen und die Perlen sind quer durch mein Schlafzimmer gekullert", erzählte Tante Nicole. Sie holte ein kleines Säckchen aus der Tasche, das mit vollkommen gleich aussehenden Perlen gefüllt war.

~

„Zu meiner Kette gehören acht große Perlen, aber ich habe erstaunlicherweise neun Perlen aufgesammelt. Die neunte Perle muss eine unechte sein, die unbemerkt von einem meiner Kleider abgerissen ist", fügte Nicole hinzu.

~

Doppelvokale

Die falsche Perle (3/3)

Samira dachte nach. Nach einer Weile kam ihr eine Idee. „Echte Perlen sind schwerer als unechte“, meinte sie. „Wir müssten das Problem also durch Wiegen lösen können. Wenn du mir eine Balkenwaage gibst, lege ich sofort los.“

2. Überlege, wie Samira die falsche Perle mithilfe der Waage ermitteln kann. Notiere deine Idee in deinem Heft.
Tipp: Die Perlen müssen dafür in 3er-Gruppen eingeteilt werden.

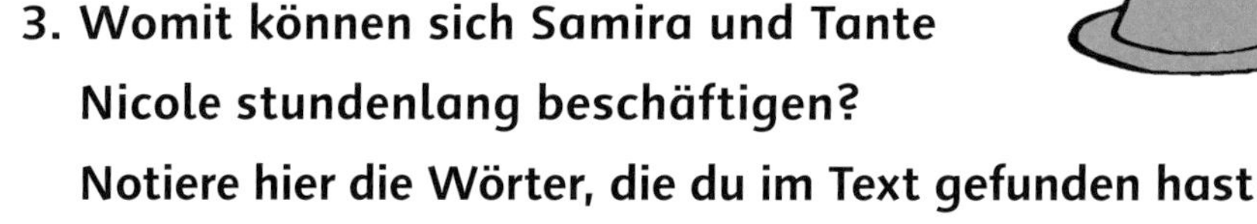

3. Womit können sich Samira und Tante Nicole stundenlang beschäftigen?
Notiere hier die Wörter, die du im Text gefunden hast:

1. ➔ ....
2. ➔ ....
3. ➔ ....
4. ➔ ....
5. ➔ ....
6. ➔ ....
7. ➔ ....
8. ➔ ....
9. ➔ ....

Ergänze nun das Lösungswort, indem du die markierten Buchstaben der Reihe nach in die Lücken einsetzt.

Lösung: Mit R ....

Doppelvokale

Die falsche Perle (1/4)

Samira bekommt Besuch von ihrer Lieblingstante Nicole, die die Hilfe ihrer cleveren Nichte benötigt. Lies den Text und unterstreiche alle neun Wörter, die Doppelvokale enthalten. Löse gemeinsam mit Samira die Rätsel.

 *

Samira stand in ihrem besten Kleid vor dem Spiegel in ihrem Zimmer und betrachtete sich kritisch. Ihre Haare waren glatt zurückgekämmt und nicht ein widerspenstiges Löckchen hatte noch die Chance, sich zu kringeln. Jedes Jahr lud Tante Nicole, die großen Wert auf ein gepflegtes Äußeres legte, ihre Nichte zu einem Urlaub am Meer oder zum Skifahren in den Schnee ein.

~

Auch heute hatte Nicole versprochen, Samira zu einem gemeinsamen Ausflug abzuholen. Dieses Mal war eine Tour mit einem Tretboot geplant.
Doch Tante Nicole liebte Rätsel und forderte Samira immer wieder heraus. So hatte sie ihrer Nichte erst kürzlich ein Rätsel per E-Mail geschickt, das Samira lösen musste, bevor die Tour starten konnte.
Samira hatte die Aufgabe problemlos gemeistert und sich den Ausflug so redlich verdient.

1. Hättest du das Rätsel auch lösen können? Finde im Suchspiel 20 Wörter, die Doppelvokale enthalten.

M I O B U E I B B X M O O S V N Ü C M A P J N K A Ö N D K
N L A R M E E I S O F O Ü N M A Ä O T U A A S V N I Ü
N I O Ü S N V P A A R N V I W O B E E T C U U O A I
B I N M X K L M O O R N I W O W K N T E E R V N I W Ü
O N O N K L S A A T V N I W O Ü N O K M C A L L E E V N I W
O N I O N I I I H E E R N I W O Ü N O C N A A L W I Ü O N C

* https://cloud.verlagruhr.de/lerninhalt/efdheYB57yWh/

Doppelvokale

Die falsche Perle (2/4)

N O N I O N K L E E F F N I Q I I I O I N S B E E R E A O I O
N I O Ü V N I O C N I O O R C H I D E E C N I O I O Ü E E
E E F E E I N W I O Ü N I F H N Q P O J S T A A T N O Ü I K
L Ö M O S S B U I P Q O I N N C I O W A A G E N I O
Ü N F H A A R V N I O W Ü I Ü I J Z O O K M W
T I O N S A A L C N I O W T I O N O Ü N M K L M I K L

Wenn du die Verniedlichungsform von Wörtern mit Doppelvokal bildest, wird aus „aa“ ein „ä“ und aus „oo“ ein „ö“.
Beispiel: Boot – Bötchen
Zu welchen Wörtern aus dem Suchspiel kannst du die Verniedlichungsform bilden? Notiere sie hier:

....

....

Samira hörte, wie es klingelte und ihre Mutter zur Tür lief. Auch Samira stürzte sofort aus dem Zimmer, um ihre Lieblingstante zu begrüßen.
Tante Nicole schenkte Samira ein liebevolles Lächeln und meinte: „Na, endlich kann ich meine Lieblingsnichte mal wieder in die Arme nehmen.“ Nicole war einfach die gute Seele der Familie.

~

„Weißt du“, sagte Tante Nicole, „du bist doch so ein helles Köpfchen. Bevor wir zum See fahren … Vielleicht kannst du mir weiterhelfen.“
Samira sah ihre Tante neugierig an. Nicole war selbst ziemlich clever und scharfsinnig. Wenn sie Samira um Hilfe bat, musste es sich um ein wirklich kniffliges Problem handeln. Sie waren als Paar unschlagbar im Lösen von Rätseln.

~

Doppelvokale

Die falsche Perle (3/4)

„Siehst du, diese Perlen gehören zu einer Kette, die mir sehr viel bedeutet. Leider ist sie kaputtgegangen und die Perlen sind quer durch mein Schlafzimmer gekullert", erzählte Tante Nicole. Sie holte ein kleines Säckchen aus der Tasche, das mit vollkommen gleich aussehenden Perlen gefüllt war.

„Zu meiner Kette gehören acht große Perlen, aber ich habe erstaunlicherweise neun Perlen aufgesammelt. Die neunte Perle muss eine unechte sein, die unbemerkt von einem meiner Kleider abgerissen ist", fügte Nicole hinzu.

~

Samira dachte nach. Nach einer Weile kam ihr eine Idee. „Echte Perlen sind schwerer als unechte", meinte sie. „Wir müssten das Problem also durch Wiegen lösen können. Wenn du mir eine Balkenwaage gibst, lege ich sofort los."

2. Überlege, wie Samira die falsche Perle mithilfe der Waage ermitteln kann. Notiere deine Idee in deinem Heft.
Tipp: Die Perlen müssen dafür in 3er-Gruppen eingeteilt werden.

Die falsche Perle (4/4)

3. Womit können sich Samira und Tante Nicole stundenlang beschäftigen? Notiere hier die Wörter, die du im Text gefunden hast:

1. ➲ ....
2. ➲ ....
3. ➲ ....
4. ➲ ....
5. ➲ ....
6. ➲ ....
7. ➲ ....
8. ➲ ....
9. ➲ ....

Ergänze nun das Lösungswort, indem du die markierten Buchstaben der Reihe nach in die Lücken einsetzt.

Lösung: Mit R ....

Die falsche Perle – LÖSUNGEN

S. 80–82: Die falsche Perle

1. Die zwölf Wörter mit Doppelvokalen im Suchspiel sind:

M I O B U E I B B X M O O S V N Ü C M A P J N K A Ö N
D K N L Z S F S S A I S O F O Ü N M A Ä O T U O O M V N I
Ü N I O Ü S N V P A A R N V I W O B E E T C U U O A I
B I N M X K L M O O R N I W O W K N T E E R V N I W Ü
O N O N K L S A A T V N I W O Ü N O K M C P L U N D
V N I W O N I O N I I I A S R O N I W O Ü N O C N Q U I I
W I Ü O N C N O N I O N K L E E F F N I Q I I I O I N S
B E E R E A O I O N I O Ü V N I O C N I O H A S E J S A I E C
N I O I O Ü E E E E F E E I N W I O Ü N I F H N Q P O J
S T A A T N O Ü I K L Ö M O S S B U I P Q O I N N C I O
Q U A R K N I O Ü N F H A A R V N I O W Ü I Ü I J Z O K K M
W T I O N S A A L C N I O W T I O N O Ü N M K L M I Ö P

2. Um die falsche Perle mithilfe einer Waage zu ermitteln, bildet Samira drei Gruppen mit je drei Perlen. Jeweils zwei Gruppen legt sie auf die Waagschalen. Sind beide Gruppen gleich schwer, sind alle Perlen echt. Ist eine Gruppe leichter, muss sich in dieser die unechte Perle befinden. Um herauszufinden, welche Perle die falsche ist, wiegt sie jeweils zwei Perlen der leichteren Gruppe. Ist nun eine der Perlen leichter, handelt es sich dabei um die falsche Perle.

3. Die Lösung lautet: **Mit Raetselspielen**.

1. ➲ Haare (Z. 2)
2. ➲ Meer (Z. 6)
3. ➲ Schnee (Z. 7)
4. ➲ Tretboot (Z. 11)
5. ➲ Seele (Z. 24)
6. ➲ See (Z. 27)
7. ➲ Paar (Z. 32)
8. ➲ Idee (Z. 45)
9. ➲ Balkenwaage (Z. 48)

Die falsche Perle – LÖSUNGEN

S. 83–86: Die falsche Perle

1. Die 20 Wörter mit Doppelvokalen im Suchspiel sind:

M I O B U E I B B X M O O S V N Ü C M A P J N K A Ö N D K
N L A R M E E I S O F O Ü N M A Ä O T U A A S V N I Ü
N I O Ü S N V P A A R N V I W O B E E T C U U O A I
B I N M X K L M O O R N I W O W K N T E E R V N I W Ü
O N O N K L S A A T V N I W O Ü N O K M C A L L E E V N I W
O N I O N I I I H E E R N I W O Ü N O C N A A L W I Ü O N C
N O N I O N K L E E F F N I Q I I I O I N S B E E R E A O I O
N I O Ü V N I O C N I O O R C H I D E E C N I O I O Ü E E
E E F E E I N W I O Ü N I F H N Q P O J S T A A T N O Ü I K
L Ö M O S S B U I P Q O I N N C I O W A A G E N I O
Ü N F H A A R V N I O W Ü I Ü I J Z O O K M W
T I O N S A A L C N I O W T I O N O Ü N M K L M I K L

Bei diesen Wörtern sind Verniedlichungsformen möglich: Paar – Pärchen, Haar – Härchen, Saal – Sälchen

2. Um die falsche Perle mithilfe einer Waage zu ermitteln, bildet Samira drei Gruppen mit je drei Perlen. Jeweils zwei Gruppen legt sie auf die Waagschalen. Sind beide Gruppen gleich schwer, sind alle Perlen echt. Ist eine Gruppe leichter, muss sich in dieser die unechte Perle befinden. Um herauszufinden, welche Perle die falsche ist, wiegt sie jeweils zwei Perlen der leichteren Gruppe. Ist nun eine der Perlen leichter, handelt es sich dabei um die falsche Perle.

3. Die Lösung lautet: **Mit Raetselspielen**.

1. ➲ Haare (Z. 2)
2. ➲ Meer (Z. 6)
3. ➲ Schnee (Z. 7)
4. ➲ Tretboot (Z. 11)
5. ➲ Seele (Z. 24)
6. ➲ See (Z. 27)
7. ➲ Paar (Z. 32)
8. ➲ Idee (Z. 45)
9. ➲ Balkenwaage (Z. 48)